首都圏版⑩ 使いやすい！教えやすい！家庭学習に最適の問題集！

JN035382

雙葉小学校

2021年度版 過去問題集

<問題集の効果的な使い方>

①お子さまの学習を始める前に、まずは保護者の方が「入試問題」の傾向や、どの程度難しいか把握します。もちろん、すべての「学習のポイント」にも目を通してください

②各分野の学習を先に行い、基礎学力を養いましょう！

③「力が付いてきたら」と思ったら「過去問題」にチャレンジ！

④お子さまの得意・苦手がわかったら、その分野の学習をすすめ、全体的なレベルアップを図りましょう！

合格のための問題集

雙葉小学校

お話の記憶	お話の記憶問題集中級編・上級編
数量	Ｊｒ・ウォッチャー 37「選んで数える」
数量	Ｊｒ・ウォッチャー 38・39「たし算・ひき算 1・2」
巧緻性	実践 ゆびさきトレーニング①②
常識	Ｊｒ・ウォッチャー 27「理科」・55「理科②」

全40問

昨年度実施の過去問題 ＋ それ以前の特徴的な問題 を収録!!

日本学習図書 ニチガク

ニチガク式学習支援!!　　日本学習図書（ニチガク）

ニチガクの家庭学習支援

Web学習サポートサービス

こんなこと…ありませんか？

「ニチガクの問題集…買ったはいいけど、、、
この問題の教え方がわからない（汗）」

メールでお悩み解決します！

- ☆ ホームページ内の専用フォームで必要事項を入力！
- ☆ 教え方に困っているニチガクの問題を教えてください！
- ☆ 確認終了後、具体的な指導方法をメールでご返信！
- ☆ 全国どこでも！　スマホでも！　ぜひご活用ください！

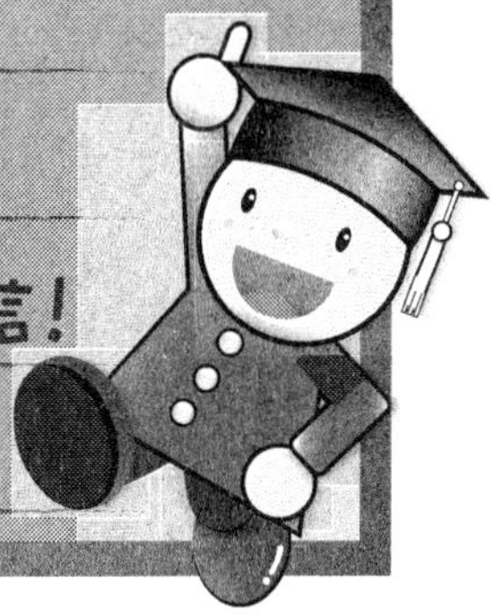

＜質問回答例＞

学習のポイント

推理分野の学習では、後の学習に活きる思考力を養うことができます。ご家庭で指導する場合にも、テクニックにたよらず、保護者の方が先に基本的な考え方を理解した上で、お子さまによく考えさせることを大切にして指導してください。

Q.「お子さまによく考えさせることを大切にして指導してください」と学習のポイントにありますが、考える習慣をつけさせるためには、具体的にどのようにしたらいいですか？

A. お子さまが考える時間を持てるように、質問の仕方と、タイミングに工夫をしてみてください。
たとえば、「答えはあっているけど、どうやってその答えを見つけたの」「答えは○○なんだけど、どうしてだと思う？」という感じです。はじめのうちは、「必ず 30 秒考えてから手を動かす」などのルールを決める方法もおすすめです。

まずは、ホームページへアクセスしてください!!

http://www.nichigaku.jp　日本学習図書　検索

目指せ！合格！

家庭学習ガイド

雙葉小学校

入試情報

応募者数：非公表
出題形態：ペーパー・ノンペーパー
面　　接：保護者・志願者
出題領域：ペーパー（記憶・図形・常識・数量など）、巧緻性、
行動観察（運動を含む）

入試対策

2020年度の入試は、例年通り２日間にわたって行われました。１日目にはペーパーテストと巧緻性問題、２日目には行動観察と親子面接が実施されています。ペーパーテストは、記憶、図形、常識、数量などの分野からの出題でした。記憶力・理解力・思考力はもちろん、スピードや正確さ、一度に多くの指示を聞き取る注意力が必要なのは従来通りです。ここ数年、問題がやさしくなっている傾向はありますが、やさしくなると同時に平均点も上がるため、ケアレスミスは禁物になります。また、「お話の記憶」のお話はさほど長くはありませんが、例年、数量や常識分野の設問もある複合的な内容ですから、基礎的な学力・知識を広く持っておく必要があります。

●巧緻性の分野の問題では、ひも結びや折り紙で輪を作るなど生活と関わりの深い課題が頻出しています。
●面接では、志願者に対し「名前」「幼稚園名」などを答える一般的な質問のほかに、保護者にどのような教えを受けているかを答えるような質問も出されています。自分の考えをきちんと相手に伝えられる話し方を練習するとともに、人に頼らず自分で話せる自立性を養っておきましょう。
●行動観察では、コミュニケーション能力が評価対象になっています。指示を理解して実行することはもちろん、はじめて会うお友だちに自分の考えを伝え、相手の意見や主張も尊重できるようにしましょう。

必要とされる力　ベスト6

特に求められた力を集計し、左図にまとめました。
下図は各アイコンの説明です。

チャートで早わかり！

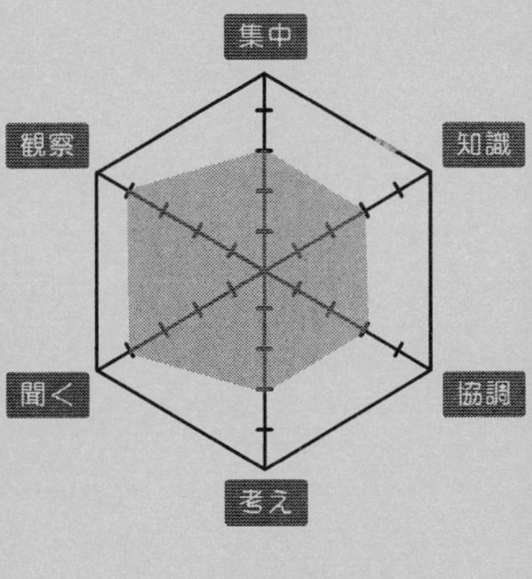

	アイコンの説明
集中	集　中　力…他のことに惑わされず１つのことに注意を向けて取り組む力
観察	観　察　力…２つのものの違いや詳細な部分に気付く力
聞く	聞　く　力…複雑な指示や長いお話を理解する力
考え	考える力…「～だから～だ」という思考ができる力
話す	話　す　力…自分の意志を伝え、人の意図を理解する力
語彙	語　彙　力…年齢相応の言葉を知っている力
創造	創　造　力…表現する力
公衆	公衆道徳…公衆場面におけるマナー、生活知識
知識	知　　　識…動植物、季節、一般常識の知識
協調	協　調　性…集団行動の中で、積極的かつ他人を思いやって行動する力

※各「力」の詳しい学習方法などは、ホームページに掲載してありますのでご覧ください。http://www.nichigaku.jp

「雙葉小学校」について

〈合格のためのアドバイス〉

本校の求める「年齢相応の躾、生活習慣、考える力のある児童」を見極めるため、例年通り多角的な内容で行われました。幅広い分野からの出題がなされていること、複数の指示や複雑な指示がなされる設問があることから、従来どおり難易度の高いものとなっています。ペーパテスト対策としては、幅広い分野（記憶、図形、常識、数量など）の学習を進めることに加えて、複合的な問題にも対応できるようにしておく必要があります。

１時間という長い試験時間もさることながら、出題数も８問と多目なので、ふだんから短時間で判断することを意識した学習を心がけ、考査本番で慌てないようにしてください。小さな見直しをこまめにする習慣をつけることも効果的です。比較分野の、置き換えについては頻出です。論理的に考えられるよう対策しておいてください。

また、小学校受験のレベルをやや上回る問題が出題されることもあるのが本校考査の特徴ですが、そのほとんどが指示の複雑さによるものです。とまどうことなく正解するためには、基本的な処理を正確に素早く行うことが大切です。そのためにも、指示を的確に理解できるよう、練習しておいてください。

面接は、例年同様に親子面接の形式で行われました。基本となるのは、ご家庭でしっかりした教育方針を持ち、両親で共有していること、そして良好な家族関係を保っていることです。また、保護者・志願者に対し共通の「お手伝い」というテーマで、両親からお子さまに物事を伝える質問もありました。両親とお子さまの３者で、ふだんから広範囲に渡る、密接なコミュニケーションをはかっておきましょう。

〈2020 年度選考〉

※試験は２日間に分けて行われた

〈１日目〉

◆ペーパーテスト、巧緻性（約１時間）

〈２日目〉

◆行動観察（集団／約 30 分）

◆保護者・志願者面接
（考査当日に実施／７分程度／三者面接）

◇過去の応募状況

2015 ～ 20 年度	非公表

〈本書掲載分以外の過去問題〉

◆図形：２つの絵を重ねてできる模様を答える。[2006 年度]

◆観察：フープ・積み木・ドミノなどを使っての自由遊び。[2006 年度]

◆数量：10 個の風船を動物たちに分ける。[2013 年度]

◆工作巧緻性：ビニール袋の中に、木の棒、おはじき、クリップを入れる。[2013 年度]

◆観察・工作巧緻性：ダンボールを使ってグループで道を作る。[2008 年度]

◆推理：ジャンケンの結果を見て、マスの指示通りにコマを進める。[2013 年度]

◆四方からの観察：立っている女の子を、東西南北から見た時の見え方。[2009 年度]

◆言語・常識：それぞれの真ん中の音をつないでできた言葉の季節を答える。[2013 年度]

㊢ 先輩ママたちの声！

◆実際に受験をされた方からのアドバイスです。
ぜひ参考にしてください。

雙葉小学校

・志願者数は非公表でしたが、受験番号を見ると、40名の定員に300名以上の志願者があったようで、改めて倍率の高さを感じました。

・子どもが行動観察の試験を受けている間、両親は別室で待機します。多くの方が、その後に控える親子面接に備えて、準備した書類などを出して静かに読んでいらっしゃいました。

・問題の難易度が下がってきた、という話も聞いていましたが、平均点も上がるので、油断できません。

・制限時間内に解く練習が必須です。

・行動観察では、元気いっぱいに楽しめたようです。

・面接では、参考票に記入したこととは別のことを聞かれ、ほぼ無対策での応答となりました。参考票の記入にあたって、子どもへの教育方針は固まっていたので、ブレずに答えられたと思います。あらかじめ家庭で話し合っておくことの大切さを改めて感じました。

・面接では、内容云々より親子のコミュニケーションが重視されているように感じました。

・参考票には、家族写真を貼る欄もありました。

・先生方は、とても穏やかでお話しやすい雰囲気でした。

・カトリック教育について、女子校であることのメリットとデメリットについては、しっかり考えておいたほうがよいと思います。

・ふだんから、親としての立ち居振る舞いも身に付けておく必要があります。

雙葉小学校

過去問題集

〈はじめに〉

現在、少子化が叫ばれているにもかかわらず、私立・国立小学校の入学試験には一定の応募者があります。入試は、ただやみくもに学習するだけでは成果を得ることはできません。志望校の過去における出題傾向を研究・把握した上で、練習を進めていくこと、その上で試験までに志願者の不得意分野を克服していくことが必須条件です。そこで、本問題集は小学校を受験される方々に、志望校の出題傾向をより詳しく知って頂くために、過去に遡り出題頻度の高い問題を結集いたしました。最新のデータを含む精選された過去問題集で実力をお付けください。

また、志望校の選択には弊社発行の「**2021年度版　首都圏・東日本　国立・私立小学校　進学のてびき**」をぜひ参考になさってください。

〈本書ご使用方法〉

◆テスターは出題前に一度問題を通読し、出題内容などを把握した上で、〈 **準　備** 〉の欄に表記してあるものを用意してから始めてください。
◆お子さまに絵の頁を渡し、テスターが問題文を読む形式で出題してください。問題を読んだ後で、絵の頁を渡す問題もありますのでご注意ください。
◆「**分野**」は、問題の分野を表しています。弊社の問題集の分野に対応していますので、復習の際の目安にお役立てください。
◆問題番号右端のアイコンは、各問題に必要な力を表しています。詳しくは、アドバイス頁（ピンク色の紙１枚目下部）をご覧ください。
◆一部の描画や制作、常識等の問題については、解答が省略されているものがあります。お子さまの答えが成り立つか、テスターが各自でご判断ください。
◆〈 **時　間** 〉につきましては、目安とお考えください。
◆解答右端の［**○年度**］は、問題の出題年度です。［**2020年度**］は、「2019年の秋から冬にかけて行われた2020年度入学志望者向けの考査で出題された問題」という意味です。
◆**学習のポイント**は、指導の際にご参考にしてください。
◆**【おすすめ問題集】**は各問題の基礎力養成や実力アップにお役立てください。

〈本書ご使用にあたっての注意点〉

◆文中に **この問題の絵は縦に使用してください。** と記載してある問題の絵は縦にしてお使いください。
◆〈 **準　備** 〉の欄で、クレヨンと表記してある場合は12色程度のものを、画用紙と表記してある場合は白い画用紙をご用意ください。
◆文中に **この問題の絵はありません。** と記載してある問題には絵の頁がありませんので、ご注意ください。なお、問題の絵の右上にある番号が連番でなくても、中央下の頁番号が連番の場合は落丁ではありません。
下記一覧表の●が付いている問題は絵がありません。

問題１	問題２	問題３	問題４	問題５	問題６	問題７	問題８	問題９	問題10
							●		●
問題11	問題12	問題13	問題14	問題15	問題16	問題17	問題18	問題19	問題20
					●	●	●		
問題21	問題22	問題23	問題24	問題25	問題26	問題27	問題28	問題29	問題30
				●	●				
問題31	問題32	問題33	問題34	問題35	問題36	問題37	問題38	問題39	問題40
		●	●						

〈雙葉小学校〉

※問題を始める前に、本文１頁の「本書ご使用方法」「本書ご使用にあたっての注意点」をご覧ください。
※本校の考査は、サインペンを使用します。間違えた場合は訂正の印（//）で訂正し、正しい答えを書くよう指導してください。

**保護者の方は、別紙の「家庭学習ガイド」「合格ためのアドバイス」を先にお読みください。
当校の対策および学習を進めていく上で、役立つ内容です。ぜひ、ご覧ください。**

2020年度の最新問題

問題１　記憶（お話の記憶）　聞く　集中

〈準 備〉　サインペン（青）

〈問 題〉　お話をよく聞いて、次の質問に答えてください。

ある天気のよい日、マリちゃんはお母さんと、遠くの街に住んでいるおじいちゃんとおばあちゃんの家に遊びに行きました。おじいちゃんとおばあちゃんの家には、いとこのモモちゃんも遊びに来ることになっています。おじいちゃんとおばあちゃんの家に行くには、新幹線に乗ります。マリちゃんは、お母さんに買ってもらったばかりの水玉模様のワンピースを着て、リボンの付いた手提げバッグを持っていきました。髪はお母さんが三つ編みに編んでくれました。
新幹線からはきれいな海が見えて、５艘のヨットが浮かんでいました。お母さんは「私は水玉模様のヨットに乗りたいわ」と言い、マリちゃんは「私は星と縦縞のヨットに乗りたいわ」と言いました。お家に行く途中、ケーキ屋さんでおみやげ買っていくことにしました。ケーキ屋さんは、パン屋さんと花屋さんの間にあります。おばあちゃんには４個入のシュークリームを、モモちゃんには６個入りのクッキーを選びました。シュークリームの箱には、おばあちゃんの大好きなヒマワリのシールを、クッキーの袋にはモモちゃんの大好きなチューリップのシールを貼ってもらいました。
おじいちゃんとおばあちゃんの家に着くと、モモちゃんが「いらっしゃい」と飛び出してきました。「すっかりお姉さんになったね。これはおみやげのクッキーよ」とマリちゃんが渡すと、「ありがとう。半分ずつ食べましょう」とモモちゃんが言ったので、２人でなかよく食べてから、お出かけすることにしました。

①マリちゃんはどれですか。正しいものを選んで○をつけましょう。
②おじいちゃんとおばあちゃんの家には、どんな乗りもので行きますか。正しいものを選んで○をつけましょう。
③マリちゃんとお母さんが行ったお店の順番で、正しいものに○をつけましょう。
④お母さんが乗りたいと言ったヨットはどれですか。正しいものを選んで○をつけましょう。
⑤おばあちゃんに買ったおみやげはどれですか。正しいものを選んで○をつけましょう。
⑥モモちゃんが食べたおみやげは何個ですか。食べた数だけ○を書きましょう。

〈時 間〉　各20秒

〈解 答〉　①右から２番目　②右端　③右下　④左から２番目　⑤左端　⑥○：３つ

［2020年度出題］

学習のポイント

当校のお話の記憶は、600～800字程度の文章を録音音声で聞いて、答える形式です。毎年、同年代の女の子が主人公のお話が出題されるので、お子さまは、共感しながら聞くことができると思います。一方、色や大きさといった特徴を聞く設問や、「いくつあった」といった数についての設問もあります。内容については、かなり注意深く聞く必要があるでしょう。ストーリーだけでなく、細部までイメージすることを求められますので、読み聞かせをする際には、つぶさに問いかけをしたり、イメージを絵に描かせたりしてみると、お子さまがどこまで聞き取れているのかを判断することができます。なんとなくお話を聞いている、という姿勢では、正解できない難しい問題なのです。場面ごとに区切ったり、登場人物に着目したりと、さまざまな工夫をしてお話を理解できるよう、学習を進めてください。当校のペーパーテストでは、お話の記憶は比較的やさしい問題になります。取りこぼしをしないよう、着実な学習を積み重ねてください。

【おすすめ問題集】
1話5分の読み聞かせお話集①②、お話の記憶 初級編・中級編・上級編

問題2　分野：言語（しりとり）

考え　語彙

〈準備〉　サインペン（青）

〈問題〉　左の絵からしりとりをはじめます。つなげていった時に、最後になるものに○をつけてください。

〈時間〉　20秒

〈解答〉　下図参照

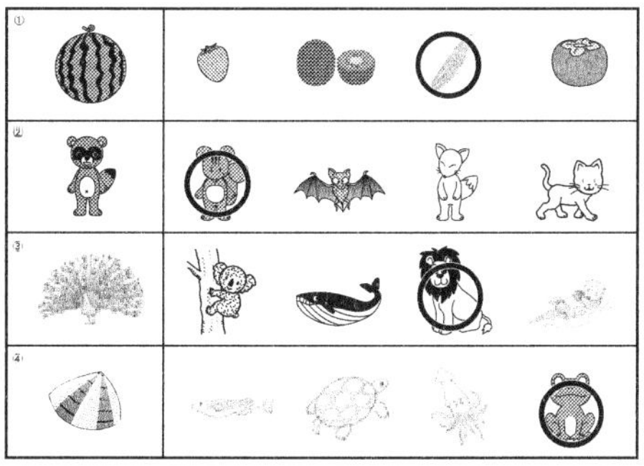

［2020年度出題］

学習のポイント

しりとりの問題です。③については、ラッコとライオンがともに「ラ」で始まる言葉、④についてはカメとカエルがともに「カ」で始まる言葉です。一般的なしりとりの要領で、言葉の最後の音で続く言葉を選んでしまうと、しりとりが続かなくなるので注意してください。特にこれといった対策はありませんが、ふだんから、言葉遊びをして楽しんでいると、語彙が豊かになり、こうした問題で戸惑うことも少なくなるでしょう。同じ音で始まる言葉をいくつも探す「頭音集め」や、「フクロウの“フ”、タヌキの“タ”、ババロアの“バ”で“フタバ”」と言葉の頭音を集めて単語を作る「頭音つなぎ」も、言葉の問題の学習になります。文字を使って考えることの少ない幼児にとって、発声することは、単に言葉を覚える上でも有効です。ただし、試験本番で発音することはできませんから、徐々に頭の中で発音することも学習させてください。

【おすすめ問題集】
　Ｊｒ・ウォッチャー18「いろいろな言葉」、49「しりとり」

問題3　分野：図形（パズル）　集中

〈準 備〉　サインペン（青）

〈問 題〉　上にあるパズルは表だけ水色のパズルです。
①ブタ・パンダ・ゴリラそれぞれの動物のところにはどのパズルが入るでしょう。合うものに○をつけましょう。
②ヒツジのところを見てください。使わないものに×をつけましょう。

〈時 間〉　①30秒　②20秒

〈解 答〉　下図参照

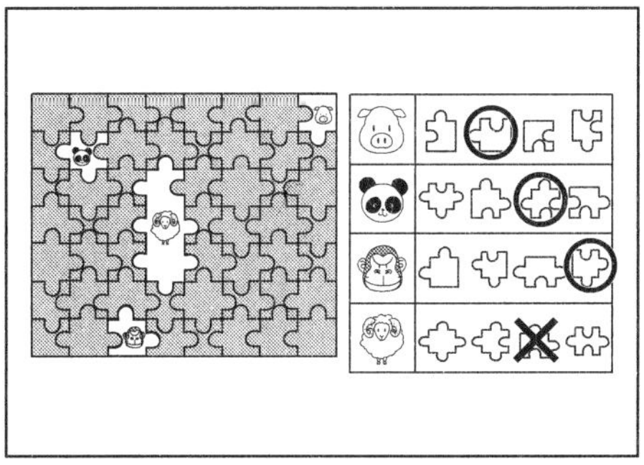

［2020年度出題］

学習のポイント

それぞれピースの形と絵柄を、見本としっかり見比べましょう。絵の継ぎ目の形がピースの位置を考える手がかりになります。当校の入試問題のレベルを考えれば、比較的わかりやすい問題と言えます。パズルの問題は学習というより、日ごろの遊びとして楽しく行うとよいでしょう。最初は本問のような、ピースに絵が描かれているパズルから始めて、慣れてきたら、絵のないもの、ピースの形が似ているもの、ピースが多いもの、といったように徐々に難しくしていくとよいでしょう。パズル遊びでは、具体物を使いながら、似たような図形の細部をしっかり見たり、動かして考えたりすることができます。これは、パズルだけでなく、図形の合成や回転などの、ほかの図形分野の学習にもなりますので、ぜひ取り入れてください。お子さまが好きな絵のジグゾーパズルなどを使って、楽しみながら進めるのもおすすめです。

【おすすめ問題集】
Ｊｒ・ウォッチャー３「パズル」

問題４　分野：図形（合成）

集中　観察

〈準　備〉　サインペン（青）

〈問　題〉　左側の見本を作るのに使う形はどれですか。それぞれ○をつけてください。

〈時　間〉　各15秒

〈解　答〉　下図参照

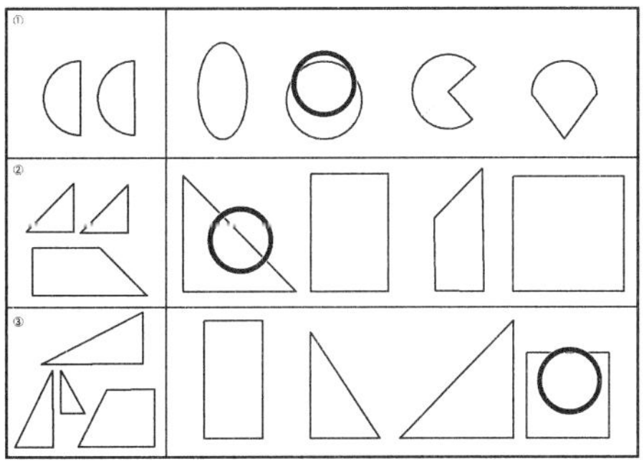

［2020年度出題］

学習のポイント

図形の合成の問題です。前問ではジグゾーパズルを利用した学習を紹介しましたが、図形の分割や合成の分野については、基本図形を組み合わせてさまざまな形を作る、タングラムなどの教材を用いることをおすすめします。市販のものを利用するだけでなく、厚紙などを切って作ることもできます。保護者の方も、お子さまと好きな形を作って楽しく遊んでみてください。手を動かしながら基本図形を合わせてみることで、頭の中だけではできなかった組み合わせを発見することができます。また、本問とは異なりますが、いくつかの形を、並べるのではなく重ねた図形を考える「重ね図形」の問題にも、この教材を使うことができます。また、柔軟に考えれば、さまざまな分野に応用できるでしょう。

【おすすめ問題集】

Ｊｒ・ウォッチャー９「合成」、45「図形分割」、54「図形の構成」

問題5　分野：常識（季節）　知識

〈準 備〉　サインペン（青）

〈問 題〉　①髪を１つに結んでいる女の子と同じ遊びをしている子に○をつけましょう。
②鬼のお面をかぶっている子といっしょに季節の遊びをしているのは誰でしょう。その子に△をつけましょう。
③かぶとをかぶっている子に関係のあるものは、どれでしょう。その絵に△をつけましょう。
④目隠しをして棒を持っている子に関係のあるものは、どれでしょう。その絵に□をつけましょう。

〈時 間〉　各15秒

〈解 答〉　下図参照

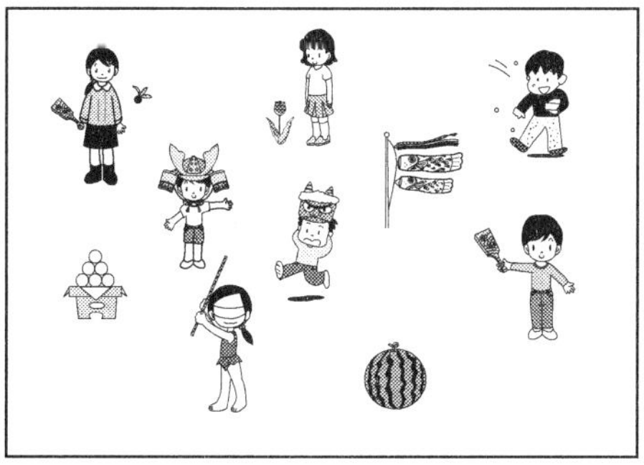

［2020年度出題］

学習のポイント

①の女の子は、羽子板をしているので、同じく羽子板をしている子に○をつけます。この時、これがお正月の遊びだということも教えてください。過去に、何月に行われる遊びなのかを聞かれた例もあります。鬼のお面をかぶっている子は、節分のマメまきをしている女の子から逃げています。①と同じように、節分は２月に行われるものだということを教えましょう。③は５月の端午の節句、④は夏の遊びであるスイカ割りです。小学校受験では、年中行事や季節の遊びについて、多く出題されます。これは学校側が、保護者の方がお子さまに、自分の体験を伝えているかどうかを観ようとする意図によるものだと思われます。面接で聞かれることもあります。折々の行事については、積極的に家庭の話題にしましょう。体験するのが１番ですが、難しい場合には、いっしょに動作を真似てみるだけでも、その遊びや行事に実感を持たせられます。

【おすすめ問題集】

Ｊｒ・ウォッチャー11「いろいろな仲間」、12「日常生活」、34「季節」

問題6　分野：比較（一対多の対応）

考え　観察

〈準備〉　サインペン（青）

〈問題〉　左の四角のシーソーを見てください。キャベツ１個とタマネギ３個が同じ重さです。ナス４本とタマネギ２個が同じ重さです。
①キャベツ２個はタマネギ何個と同じ重さですか。その数だけ○を書きましょう。
②キャベツ１個とナス４本はタマネギ何個と同じ重さですか。その数だけ○を書きましょう。
③キャベツ１個とナス２本、キャベツ２個では、どちらが重いですか。重い方に○をつけましょう。
④キャベツ２個とナス６個、キャベツ３個とナス２本では、どちらが重いですか。重い方に○をつけましょう。

〈時間〉　各30秒

〈解答〉　下図参照

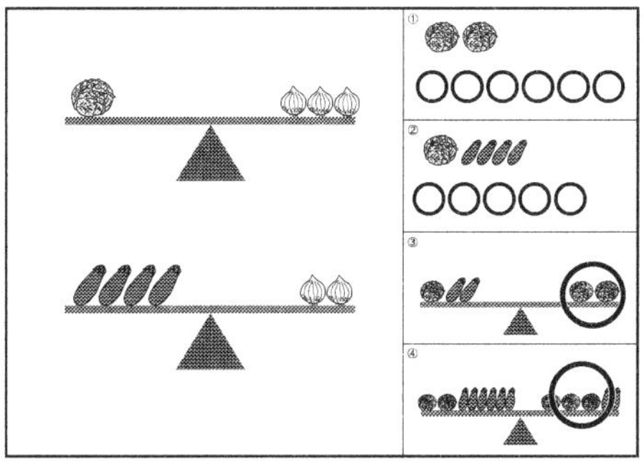

［2020年度出題］

学習のポイント

置き換えて考える問題は、当校では頻繁に出題されます。また、ほかの学校でも出題されることが多くなっていますので、お子さまが納得できるまで、ていねいに説明してください。本問のように、あるものを１とする（基準とする）考え方は、小学校２年生で習う、長さ・重さ・量の単位の基本の考え方です。①はキャベツが２個ですから、キャベツ１個＝タマネギ３個なので、タマネギ６個と同じ重さということになります。②もタマネギを基準に考えます。タマネギ１個＝ナス２本なので、ナス４本＝タマネギ２個となり、あとはキャベツと同じ重さのタマネギ（３個）を足せば答えになります。③④も、シーソーの左右にあるキャベツとナスを、タマネギに置き換えて考えます。そうすると単純なタマネギの数の比較になり、答えがすぐわかるということになります。

【おすすめ問題集】

Ｊｒ・ウォッチャー33「シーソー」、42「一対多の対応」、57「置き換え」

問題7　分野：巧緻性

集中

〈準備〉　カーテンリング12個、綴じひも６本、トレイ

〈問題〉　リングの小さい穴にひもを通して、１回結んでください。結んだら机の前に置いてください。「やめ」と言うまで、できるだけ多く作ってください。

〈時間〉　３分

〈解答〉　省略

［2020年度出題］

学習のポイント

リングを揃える、ひもを通す、ひもを結ぶという、当校では定番の課題です。限られた時間の中で、ていねいに効率よく作業ができるかが評価のポイントになるでしょう。当校では過去に、おはしの使い方や、ボルトやナットを使って回す・ねじるといった課題も出題されたこともあります。いずれも、日常から手先をこまめに使う練習が必要です。ひもや、ボルトとナットなどをご家庭の手に届くところに置いておき、こまめに練習してもよいでしょう。日常生活では、お子さまが工夫して取り組んでいる様子を見守って、どのようなアプローチをしているかを見てください。必要であれば、どのように手を動かせば作業しやすいかなどのアドバイスをしてください。練習の際には、お子さまに向かい合って座るのではなく、隣に座って教えましょう。また、集中力や取り組み方も観られています。これは、はじめて行う課題にも、あきらめずに取り組む姿勢が、入学後大切になってくるからです。

【おすすめ問題集】

Ｊｒ・ウォッチャー25「生活巧緻性」、実践ゆびさきトレーニング①②③

問題8　運動

聞く

〈準 備〉　フラフープ

〈問 題〉　この問題の絵はありません。
今から、先生のすることを真似してください。フープではケンパーをしてください。フープではケンパーをしてください。太鼓の音が鳴ったらおしまいです。
（スキップ・行進・かけっこ・フープステップを行う）

〈時 間〉　３分

〈解 答〉　省略

［2020年度出題］

学習のポイント

体操テストと行動観察テストは、問題の絵のように、真ん中に円が描いてある教室で行われました。それぞれの運動は基本的なもので、年齢相応の運動能力が身に付いていれば、うまくできたかどうかについては心配することはありません。重要なのは、指示通りに行動することや、集団で運動する時の協調性でしょう。特に、ケンパー以外は先生のお手本を見て、その場で同じ行動をしなければならないので、先生の真似をしながらリズムも合わせるという、かなり高度な運動を要求されています。試験の場でいきなりというのは難しいかもしれないので、家の外でお子さまと遊ぶ際に動作を切り替えるポイントを決めて、ここまではスキップ、そこからはかけっこ、そこからはケンパーをする、などのように工夫してみるのもよいでしょう。

【おすすめ問題集】
新運動テスト問題集
Ｊｒ・ウォッチャー28「運動」

問題9　行動観察（グループ）

聞く　協調

〈準 備〉　神輿作り用：みこし２基、布（レース地のもの、30cm×30cm、５～６枚）、
セロテープ（４巻）
ボウリング・輪投げ用：２リットルペットボトル（５本）、
輪投げの輪（適宜）、カラーボール（３～４個）、
ウレタン棒（適宜）
ボール・魚すくい用：ビニールプール（１台）、スーパーボール（適宜）、
魚の形のスポンジ（適宜）、おたま（２～３個）、
バケツ（２～３個）

〈問 題〉　①あいさつゲームをします。お友だちと２人組になって、このように「こんにちは」と言って、片方に首を傾けます（首を傾ける見本を見せる）。違う方に傾けたら、また「こんにちは」からはじめてください。同じ方に傾けたら握手をして違う人とまたゲームをしましょう。先生が合図をしたらまた集まりましょう。

②（１グループ７～10人の２グループに分けて行われた）
今からグループのお友だちとみこしを作ります。ここにあるものを使って飾り付けをしましょう。合図があったら片付けをしましょう。

③今からお祭りごっこをしましょう。この音（お囃子の音を聞かせる）が鳴ったら、こちらで遊びましょう。遊ぶ場所は２ヶ所あり、ここではこの道具（ボウリングと輪投げの道具）で遊んでください。この音（「わっしょい」と掛け声の入った音）が鳴ったら自分が作ったみこしの場所に行き、みんなで担いで歩きましょう。太鼓の音が鳴ったら先生のところにもう一度集まってください。

〈時 間〉　30分

〈解 答〉　省略

［2020年度出題］

学習のポイント

問８の運動テストと同じ教室で行われました。①の集団で行うゲームの観点は協調性です。ルールに則って、初対面のお友だちと楽しくゲームできれば問題ありません。②は、お友だちと相談しながら、１つのものを作っていくという意味でコミュニケーション能力が観点になっています。③では、何度も音が切り替わり、みこしと遊びの間を行ったり来たりします。遊ぶ場所は特に指定がないので、同じ場所に何度も行っても、毎回違う場所に行っても構いません。ただし、途中で疲れたような素振りを見せたり、行動が緩慢になったりすることなく、与えられた場で積極的に行動できることが重要です。いずれも、学校の教室を模した場で、子どもの素の姿を観たり、入学後に学校生活に順応できるかどうかが問われています。なお②③のような、道具を使う課題では、最後にしっかり片付けをすることも、ふだんから教えておきましょう。

【おすすめ問題集】
Ｊｒ・ウォッチャー29「行動観察」

問題10　分野：面接（親子面接）

話す　公衆

〈準 備〉　「食卓に箸を並べる」「キンギョにえさをあげる」「窓拭きをしている」「洗濯物を畳んでいる」「花に水をあげている」「テーブルを拭いている」「お手伝い」の絵のうち、任意の２枚

〈問 題〉　この問題の絵はありません。
質問に答えてください。

【父親へ】
・子どもの頃にしたお手伝いをお子さまに教えてあげてください。
・最近ご家族で楽しかった思い出は何ですか。
・お父さまは子どもの頃どんな遊びをしていましたか。
・お子さまとどんなことをして遊びますか。
・本校を志望した理由は何ですか。
・女子校についてどう思いますか。

【母親へ】
・母親としてお子さまにしてほしいお手伝いは何ですか。お子さまに向かって話してください。
・最近ご家族で楽しかった思い出は何ですか。
・本校を志望した理由は何ですか。
・女子校についてどう思いますか。

【志願者へ】
・（２つの絵を見せて）何をしているところか説明してください。
・どんなお手伝いをしていますか。
・（母親のお手伝いの話を受けて）そのお手伝いはできそうですか。
・（父親のお手伝いの話を受けて）どう思いますか。その話を聞いたことがありましたか。
・家と幼稚園（保育園・こども園）ではどんな遊びをしていますか。
・学校に入ったら何がしたいですか。

〈時 間〉　10分程度

〈解 答〉　省略

［2020年度出題］

学習のポイント

父親については、お手伝いや遊びを通じて、自分自身の体験をお子さまに伝えているかどうかなど、父と娘に会話があるか、コミュニケーションをとっているかをチェックする質問がありました。母親には、実際に娘と会話させ、ふだんのお子さまへの接し方を再現して、その様子を観察しようとしているようです。つまり、学校側は、ふだんの家族関係・環境を知ろうとしているということです。お子さまが両親の発言にどんな反応をするかまではチェックしていないとは思いますが、突飛な発言や行動はさせない方が無難でしょう。出願後に提出する参考票には、家庭の教育方針を書く欄や、家族写真の貼付欄が設けられています。面接のために、ということでなく、ふだんから何でも言い合える親子でいること、両親で同じ教育方針を持つことが、何にもまさる面接対策ではないでしょうか。

【おすすめ問題集】
面接テスト問題集、新口頭試問・個別テスト問題集、
保護者のための入試面接最強マニュアル

2019年度以前の問題

問題11　記憶（お話の記憶）

聞く　集中

〈準備〉　サインペン（青）

〈問題〉　お話をよく聞いて、次の質問に答えてください。

「ただいま」とドアを開け、ふたばちゃんが学校から帰ってました。「おかえりなさい」と台所からお母さんの声がしたので、ふたばちゃんがそこへ行くと、お母さんはスーパーの袋から、買った野菜を冷蔵庫にしまっているところでした。ふたばちゃんはテーブルにランドセルを置き、椅子に座ると、喉が渇いたので「ジュースをちょうだい」と言いました。「ちょっと待っててね」とお母さんは言いながら、トマトを冷蔵庫の１番下の引き出しに入れました。次にジャガイモ、タマネギ、ニンジンを下から２番目の引き出しに入れ、キャベツとブロッコリーを下から３番目の引き出しに入れました。ふたばちゃんがまた「ジュース」と言うと、お母さんは「はいはい」と言いながら冷蔵庫からオレンジジュースを取り出し、ジュースをコップに入れてふたばちゃんに渡しました。ふたばちゃんはジュースを飲み、「今日は水泳の授業があって、プールで泳いだの」と今日学校であったことをお母さんに話し出しました。しばらく、２人で話していると、窓の外が急に暗くなり、雨が降り始めました。お母さんは洗濯物を取り込むために、慌ててベランダに向かいました。洗濯物を取り込んで戻ってきたお母さんは「ふたば、明日はピアノのお稽古の日でしょう？　練習しなくていいの」と言いました。「そうだった」とふたばちゃんは思い出し、ピアノの練習を始めました。ピアノを弾くのが好きなふたばちゃんが練習に熱中していると、いつの間にか雨はやみ、雲がなくなり、きれいな夕焼け空になっています。ふたばちゃんは「お腹が減った」と思ってピアノの練習を止め、台所に行きました。「今日の晩ごはんは何？」とふたばちゃんが聞くと、「ナスのカレーとサラダよ」とお母さんが答えました。お母さんはニンジンを取り出し、皮を剥いているところです。ふたばちゃんが椅子に座り、オレンジジュースを飲んでいると、お母さんは次にジャガイモを取り出し、皮を剥き始め、その次にタマネギを取り出し、包丁で刻んみました。「これを炒めてから、お鍋に入れてカレーの具にするのよ」とお母さんはふたばちゃんに教えてくれ、最後にナスを取り出してそれを食べやすい大きさに切っています。ふたばちゃんは観たい番組があったので、リビングに行き、テレビを観ているとお母さんが「ご飯ができたわよ」と言うのが聞こえました。台所に行くとナスの入ったカレーと、細く刻んだキャベツの上に、１個を縦４つに切ったトマトとブロッコリーが載っているサラダがテーブルの上にありました。

①お母さんがトマトを入れた引き出しはどれですか。正しいものに○をしてください。
②お母さんが冷蔵庫から取り出した野菜を順に左から並べました。正しい順で並んでいる絵に○をつけてください。
③カレーに入れた野菜に○をつけてください。
④お母さんが作ったサラダはどれですか。○をつけてください。

〈時間〉　各20秒

〈解答〉　①右から２番目　②右端　③○：ジャガイモ、ニンジン、タマネギ、ナス
④右端

［2019年度出題］

学習のポイント

当校のお話の記憶で題材にされるお話の多くは、同年代の女の子が主人公で、日常で経験するできごとが描かれていることが多いので、聞く方もイメージしやすいのではないでしょうか。あまり突飛な展開や登場人物の行動がない点も、すんなりと話に入れる要素となっています。それだけに当校のお話の記憶の問題は、ほかの志願者もほぼ間違えないと考えた方がよいでしょう。ケアレスミスがないように慎重に解答してください。また、登場したものの数、位置（場所）、色、形といった細かな点も聞かれることが多いので、お話を聞きながらそのシーンを詳細にイメージする必要があります。「聞きながらイメージ」というと器用な話のように聞こえますが、読み聞かせの際にはたいていの場合、どのお子さまも無意識に行っていることです。入試ための読み聞かせではそれを意識的に行うのです。

【おすすめ問題集】
1話5分の読み聞かせお話集①②、お話の記憶 初級編・中級編・上級編
Ｊｒ・ウォッチャー19「お話の記憶」

問題12 分野：数量（1対多の対応）

考え 観察

〈準 備〉 サインペン（青）

〈問 題〉 （問題12の絵を渡して）
①上の絵を見てください。この切り株の上にある花10本で花束を作ります。花が足りない数だけ、イチゴの四角に○を書いてください。
②葉っぱを１枚とドングリ２個をセットにしてタヌキさんたちあげようと思います。葉っぱを全部使うとドングリはいくつ足りませんか。足りない数だけ、リンゴの四角に○を書いてください。
③クリ１個とドングリ２個を材料にして「やじろべえ」を作り、キツネさんたちにあげようと思います。「やじろべえ」はいくつできますか。その数だけ、ブドウの四角に○を書いてください。

〈時 間〉 20秒

〈解 答〉 ①○：３　②○：２　③○：４

[2019年度出題]

家庭学習のコツ① 「先輩ママのアドバイス」を読みましょう！

本書冒頭の「先輩ママのアドバイス」には、実際に試験を経験された方の貴重なお話が掲載されています。対策学習への取り組み方だけでなく、試験場の雰囲気や会場での過ごし方、お子さまの健康管理、家庭学習の方法など、さまざまなことがらについてのアドバイスもあります。先輩ママの体験談、アドバイスに学び、ステップアップを図りましょう！

学習のポイント

数量分野の課題への対策の基本は、それぞれの問題の考え方を理解した上で類題演習を繰り返すことです。ただし、そこで解き方のテクニックやハウツーを覚えるのではなく、数に対する感覚を磨かないと、将来につながる学習になりません。例えばこの問題では、「セットになるものを○で囲み、数える」というハウツーがありますが、それだけを教えてもお子さまのためにはならない、ということです。答えがわかるのならばそれでよいと考える保護者の方もいるかもしませんが、扱う数が大きくなったり、複雑になると対応できません。当校の入試では、この問題のような「指定されたものを数える」「グループとして数える」という問題が頻出しています。その観点は「幼児教室でどれだけテクニックを学んだか」ではなく、年齢なりの数に対する感覚の有無と思考力です。

【おすすめ問題集】
Ｊｒ・ウォッチャー14「数える」、37「選んで数える」、42「一対多の対応」

問題13　分野：推理（系列）

考え　観察

〈準　備〉　サインペン（青）

〈問　題〉　回転するテーブルの周りに動物たちが座っています。
①テーブルが右に２回動いて、サルくんの前にキュウリが来る時、ウサギくんの前には何個食べものがありますか。その数だけ○を書いてください。
②そこからさらにテーブルが左に３回動いた時に、クマくんの前にある食べものは何ですか。その食べものに○をつけてください。
③②の時に、目の前に１番多くの食べものがある動物は誰ですか。その動物に○をつけてください。

〈時　間〉　各30秒

〈解　答〉　①○：２　②バナナ　③キツネ

［2019年度出題］

学習のポイント

系列の問題です。ここでは「あるパターンで円状に並べられたものが回転して、どの場所に移動するか」が聞かれています。観覧車を題材にすることが多いのですが、この問題では丸テーブルに載せられた食べ物とその周囲にいる動物という形になっています。通常の系列と違うのは、お約束が売り返されることですが、仕組みがわかってしまえば、通常の系列と解き方は同じです。①は「右に２回動いた時、サルの前にキュウリがある」と聞いて、その時ウサギの前にどの野菜が来るかをイメージすれば解答できます。③は料理の数を比較をするので、数量分野との複合問題と言えますが、扱うのはそれほど大きな数ではありません。直感的に答えられるようになっておきましょう。

【おすすめ問題集】
Ｊｒ・ウォッチャー14「数える」、50「観覧車」

問題14　分野：複合（数量・左右の弁別）　　語彙

〈準備〉　サインペン（青）

〈問題〉　（問題14の絵を渡して）
①右手だけに、何かを持っている人に○をつけてください。
②左手だけに、何かを持っている人に×をつけてください。
③絵に描いてある帽子の数だけ、リンゴの四角に○を書いてください。
④絵に描いてあるカサの数だけ、イチゴの四角に○を書いてください。

〈時間〉　各20秒

〈解答〉　下図参照

［2019年度出題］

学習のポイント

「選んで数える」問題です。当校としてはそれほど複雑な絵ではありませんから、よく観察すれば数え間違いや、数え漏れはないでしょう。注意したいのは「左手」「右手」の条件が付けられている問題です。描かれている人物にとっての左右ですので、自分にとっての左右と勘違いしないようにしてください。また、「右手だけに」「左手だけに」とし示されているので、両手にものを持っている人はカウントされないという点にも注意してください。当校の入試問題は、一見簡単でも集中して答えないとミスをしてしまう、お子さまには少し厳しい問題が多いようです。見直しのクセをつけておいた方がよいでしょう。

【おすすめ問題集】
　Ｊｒ・ウォッチャー14「数える」、37「選んで数える」

家庭学習のコツ②　「家庭学習ガイド」はママの味方！

問題演習を始める前に、試験の概要をまとめた「家庭学習ガイド（本書カラーページに掲載）」を読みましょう。「家庭学習ガイド」には、応募者数や試験課目の詳細のほか、学習を進める上で重要な情報が掲載されています。それらの情報で入試の傾向をつかみ、学習の方針を立ててから、対策学習を始めてください。

問題15　分野：常識

聞く　知識

〈準 備〉　サインペン

〈問 題〉　①秋のくだものを四角の中から選んで、○をつけてください。
②冬眠する生きものを、四角の中から選んで、○をつけてください。
③カボチャが出てくるお話を四角の中から選んで、○をつけてください。
④イヌが出てくるお話を四角の中から選んで、○をつけてください。
⑤お正月から数えて５つ目の月の行事を四角の中から選んで、○をつけてください。

〈時 間〉　各30秒

〈解 答〉　①ブドウ、イチゴ、カキ　②クマ　③左端（シンデレラ）
④右から２番目（花咲かじいさん）、右端（桃太郎）　⑤真ん中（コイノボリ）

［2019年度出題］

学習のポイント

常識分野の問題です。①②は季節や動植物などの知識を聞く、ほかの入試でもよく見られる問題です。③④も出題例はあまり多くありませんが、時折目にする昔話についての問題です。当校を志願するなら知っておくべき知識を聞いている問題、と言えるでしょう。ただし、⑤のように季節ではなく「何月に行う行事ですか」と聞く問題はあまり見たことがありません。なぜ「何月か」という聞き方をするかと言うと、最近は気候や環境の変化が激しく、季節感があいまいになっているからでしょう。つまり、ものによっては大人でも判別しにくいものが増えているからです。このような聞かれ方をされる以上、季節の行事などで、日付がある程度決まっているものについては知識を持っておくとよいでしょう。

【おすすめ問題集】
Ｊｒ・ウォッチャー11「いろいろな仲間」、12「日常生活」、34「季節」
27「理科」、30「生活習慣」、55「理科②」

問題16　分野：行動観察

聞く　協調

〈準 備〉　なし
※この問題は６人のグループで行う。

〈問 題〉　この問題の絵はありません。
これから「ジャングルごっこ」をします。説明をよく聞いてください。
①これから先生が動物の真似をするのでその通りにしてください（トラ、キリンなどのポーズをとり、数回繰り返す）。
②これから先生が言う動物の名前の音の数でグループになってください（ネコ→２人組、キリン→３人組のようにグループになる。数回行い、最後にテスターが「アフリカゾウ」と言って６人１組になり終了）。

〈時 間〉　適宜

〈解 答〉　省略

［2019年度出題］

学習のポイント

グループでの行動観察は協調性が観点ですから、息を合わせて行なわないとうまくいかない、本問のような課題がよく見られます。前半の模倣体操も後半のゲームも特に難しいものではありませんが、こういった課題には、指示を聞き、ほかの人の動きを観察して、「合わせよう」という意識で臨みましょう。運動能力や指示の理解は年齢なりのものがあれば問題にならないので、協調することが主な目的です。積極性を見せようとしてほかの志願者に指示したりする必要はありません。また、むりやり声を出さなくても、表情や動作に他人を思いやる気持ちが表れていれば、悪い評価は受けないはずです。保護者の方は「目立とうなどとせず、練習した通りにやりなさい」とお子さまに伝えてから、試験会場に送り出してください。

【おすすめ問題集】

Ｊｒ・ウォッチャー29「行動観察」、30「生活習慣」

問題17　分野：行動観察

聞く　協調

〈準 備〉　ライオン、ワニ、ゴリラのぬいぐるみ、ダンボール（適宜）、布製の葉っぱ、蔓（適宜）、マット（適宜）、フラフープ（適宜）
フラフープ（適宜）
※あらかじめ、適当な間隔空けて置いておく。
※この問題は６人のグループで行う。

〈問 題〉　この問題の絵はありません。
①葉っぱと蔓を使って、動物のお家を作ってください。
②お家ができたら、みんなで探検をします。マットとフラフープを使ってそれぞれのお家へ向かう道を作ってください。何もないところは池になっているので通れません。
③それではみんなで探検してください。探検が終わったら元の位置に戻ってください。

〈時 間〉　適宜

〈解 答〉　省略

［2019年度出題］

学習のポイント

前問と同じく、グループに対する行動観察ですが、小学校受験の課題としては、設定が大仕掛けで指示も複雑です。こうした課題では、共同作業をするためにほかの人と相談しないと物事が始まりません。特に「相談してから」といった指示は出されないようですが、ほかの人の意見を聞かずに作業してしまうと「コミュニケーションが取れない」という評価を受けかねないので、まずはそこから始めるべきでしょう。意見の交換が終わったら、作業に移りますが、そこでの注意点は「指示を守る」こと以外にはありません。積極的なお子さまは、指示以上の工夫や行動をしがちなものですが、仮によい結果を出したとしてもそれほど評価されない、うまくいかないと悪い評価を受けます。指示以外のことをしない方が無難なのです。

【おすすめ問題集】

Ｊｒ・ウォッチャー29「行動観察」、30「生活習慣」

問題18　分野：巧緻性

聞く　集中

〈準 備〉　画用紙（６枚）、輪ゴム（３本）
※あらかじめ材料を渡しておく。

〈問 題〉　この問題の絵はありません。
画用紙を２枚で１組にして丸め、輪ゴムで留めましょう。

〈時 間〉　適宜

〈解 答〉　省略

［2019年度出題］

学習のポイント

簡単な制作、あるいは着替えや道具をしまうといった作業を「生活巧緻性」言います。小学校入試では行動観察の一部として頻出の課題ですが、日常生活で行っていることを試験の場で行うだけですから、問題はないはずです。試験の場で緊張した時には「いつもやっていることだから大丈夫」と考え、リラックスして行うよう促してください。気になるようでしたら、過去に出た課題を直前に練習する程度で対策は充分です。こうした生活体験（今までの生活で行ったことがあるかないか）を観点とした問題は、日常生活から学び、自然に行えることが理想ですが、手際が悪いからと言って減点されることはありません。保護者の方は、指示をよく聞き、制限時間内に作業を終わらせるということだけを守るようにアドバイスしてください。

【おすすめ問題集】
実践ゆびさきトレーニング①②③
Ｊｒ・ウォッチャー25「生活巧緻性」、29「行動観察」、 30「生活習慣」

家庭学習のコツ③　効果的な学習方法～問題集を通読する

過去問題集を始めるにあたり、いきなり問題に取り組んではいませんか？　それでは本書を有効活用しているとは言えません。まず、保護者の方が、すべてを一通り読み、当校の傾向、ポイント、問題のアドバイスを頭に入れてください。そうすることにより、保護者の方の指導力がアップします。また、日常生活のさまざまなことから、保護者の方自身が「作問」することができるようになっていきます。

問題19　記憶（お話の記憶）

聞く　集中

〈準　備〉　サインペン（青）

〈問　題〉　**この問題の絵は縦に使用してください。**
お話をよく聞いて、次の質問に答えてください。

今日は山の動物たちの運動会です。小鳥さんはお母さんといっしょに、運動会を見に出かけました。はじめの種目は、キツネさんとクマさんの綱引きです。「ガンバレー」と声をかけながら、ウサギさんとリスさん、タヌキさんが両手にポンポンをもって応援しています。なかなか勝負が決まりませんでしたが、クマさんが勝ちました。次は玉入れです。パーンと合図の音が鳴って、白い玉と赤い玉がどんどん投げ入れられています。リスさんの大活躍で、終わりの合図が鳴った時には赤い玉がいっぱい入っていましたが、白い玉は２個しか入っていませんでした。その次はかけっこです。キツネさん、クマさん、ウサギさん、タヌキさんが一斉に走り出しました。先頭を走っていたウサギさんは、途中で転んでしまい、みんなに抜かれてしまいました。それでもウサギさんは最後までがんばって走りました。最初にゴールしたのはクマさんで、次にタヌキさん、キツネさん、ウサギさんの順番でした。「ウサギさんは４位だったけど、がんばったね」と小鳥さんは言いました。夕方になり、お母さんが「そろそろ帰りましょう」と声をかけると、小鳥さんは「もう少し見たいよ」と返事をしたので、お母さんは「暗くなる前に帰ってくるんですよ」と言いました。お母さんが帰ったあと、大玉転がしとダンスを見て、小鳥さんもお家に帰りました。

①小鳥さんの親子がはじめに見た運動会の競技は何ですか。
②玉入れで紅組と白組の勝負はどうなりましたか。
③競技に２回出たのは誰でしょう。○をつけてください。
④ポンポンをもって応援した動物に△をつけてください。
⑤かけっこでゴールした順に左から並びました。正しい順に並んでいる絵に、○をつけてください。
⑥小鳥さんが見た運動会の競技の数だけ○を書いてください。

〈時　間〉　各20秒

〈解　答〉　①左から２番目（綱引き）　②左端　③○：キツネさん、クマさん
④△：ウサギさん、リスさん、タヌキさん　⑤左下　⑥○：５

［2018年度出題］

学習のポイント

お話の記憶の問題です。それほど長いお話ではありませんが、出来事が多いお話から、位置や数量、順番など細かな表現に対する質問があります。当校入試の特徴がよく表れている問題と言えるでしょう。お話を聞きとる際に細部に配慮できることを、観点の１つとしていると考えられます。それぞれの出来事に対して、場面を想像するとともに、「誰が」「何をした」のか把握することを心がけて聞き取ってください。ふだんの読み聞かせの時に、お話の内容に関して質問をすることが効果的ですが、その際に、１.お話には場面がいくつあったか、２.それぞれどんな場面だったか、３.それぞれの場面を詳しく説明、の３段階に分けて聞くと良いでしょう。全体をとらえる力と、細かい部分への配慮がバランスよく身に付きます。

【おすすめ問題集】

１話５分の読み聞かせお話集①・②、お話の記憶 初級編・中級編・上級編
Ｊｒ・ウォッチャー19「お話の記憶」

問題20　常識（理科）

観察　知識

〈準 備〉　サインペン（青）

〈問 題〉　①②１番上の段を見てください。
左の絵の野菜や果物を切った時、切り口はどのようになりますか。正しいものを右の絵から選んで、○をつけてください。できたら、２番目の段も進めてください。
③④下から２番目の段を見てください。
左の絵の野菜は、右の絵の中のどの野菜を切ったものですか。正しいものを選んで、○をつけてください。できたら、１番下の段も進めてください。

〈時 間〉　各20秒

〈解 答〉　①左端　②左から２番目　③右から２番目　④右端

［2018年度出題］

学習のポイント

野菜や果物の形と、それらを切った時の断面の関係についての問題です。身近な野菜や果物を切ってみると、色や種の付き方など、外見とは異なる特徴があります。親子で台所に立って、それらの特徴を観察した経験があるかどうかのように、体験と結びついた知識が問われていると言えます。常識分野の知識は、その名称とともに、働きや特徴なども合わせて覚えることが大切です。例えば野菜なら、色や形、切り口のほかに、季節や実ができる場所などがあります。これらの知識を一度に覚えることは大変です。図鑑などで覚えることと、身近な体験から理解することの両方を大切にしながら、知識の量を増やしてください。ある程度覚えたら、知識の整理の意味で、カードにまとめてみるとよいでしょう。そのカードを利用して、問題練習をすることもできます。

【おすすめ問題集】
Ｊｒ・ウォッチャー27「理科」、55「理科②」

問題21　図形（展開）

観察　考え

〈準 備〉　サインペン（青）

〈問 題〉　左の絵のように丸い折り紙を２回折りました。黒く塗った部分をハサミで切ってから広げた時、どのような形になりますか。右の絵の中から選んで、○をつけてください。

〈時 間〉　各20秒

〈解 答〉　①左　②真ん中　③左　④右

［2018年度出題］

学習のポイント

折り紙を開いた時の形を問う、展開の問題です。図形の特徴をとらえる力と、展開後の図形の形を想像する力が問われています。まず、折り紙を２回折ったことから、折り紙が４等分されていると考えます。その４等分されたそれぞれに、折り紙を開いた時の向きを意識しながら、見本の図を置いていきます。その作業を４回行うと、答えの図形がわかります。実際に折り紙を用意して、１つずつ理解しながら確認していくとよいでしょう。その練習と並行して、対称図形や鏡図形の問題に取り組むと、図形を把握する力がより一層伸ばせます。慣れてきたら、お手本の形の特徴的な部分に注目して考えるようにしてください。短時間で考えられるようになり、より実践的な練習につながります。

【おすすめ問題集】
Ｊｒ・ウォッチャー５「回転・展開」、８「対称」、48「鏡図形」

問題22　数量（計数）

考え　集中

〈準　備〉　サインペン（青）

〈問　題〉　①３つの袋にアメを３つずつ分けて入れます。アメはいくつ足りないですか。足りない数だけ、下の四角に○を書いてください。
②お姉さんと妹でアメを全部、残らないように分けます。お姉さんが妹より２個多い時、お姉さんのアメはいくつありますか。お姉さんのアメの数だけ、下の四角に○を書いてください。
③左のお皿から右のお皿へ、アメを１つ移した時、右のお皿のアメは、左のお皿のアメよりいくつ多いですか。その数だけ、下の四角に○を書いてください。
④９個のアメを３人で２つずつ分けると、いくつのアメが余りますか。その数だけ、下の四角に○を書いてください。

〈時　間〉　各20秒

〈解　答〉　①○：２　②○：６　③○：４　④○：３

［2018年度出題］

学習のポイント

アメを分けた時の過不足や増減について考える、難易度の高い数量の問題です。数の概念の理解をはじめ、増減、差、過不足など、さまざまな切り口で数について問われています。また、指示をていねいに聞き取って、問われていることに正確に答えられるかどうかも観点です。ですから、本問を難しくしているのは、小問ごとに指示が変わることであって、数量問題の複雑さではありません。そのため、数の増減、数を分けるなど、一通り数量の基礎学習を終えたあとで、さまざまな数量分野の問題をランダムに取り組むことが対策になります。指示の変化に対応できるように、常にていねいに指示を聞き取ることを意識して、練習に取り組んでください。

【おすすめ問題集】
Ｊｒ・ウォッチャー14「数える」、38「たし算・ひき算1」、
39「たし算・ひき算2」、40「数を分ける」、43「数のやりとり」

問題23　複合（聞き取り・数量）

聞く　集中

〈準備〉　サインペン（青）

〈問題〉　一郎くんたちは、公園で「だるまさんがころんだ」をしています。
①一郎くんは、左手を挙げています。一郎くんに○をつけてください。
②春子さんは、右手に帽子をもっています。春子さんに△をつけてください。
③リスさんはキノコを全部集めました。木になっているリンゴは、キノコよりどれだけ多いですか。その数だけ、下の四角に○を書いてください。

〈時間〉　各20秒

〈解答〉　下図参照

［2018年度出題］

学習のポイント

絵の内容について答える問題です。複雑な指示であっても1度で聞き取る集中力と、指示通りに答える正確さが求められています。本問のように指示が複雑な問題では、２つの問題に同時に答えるようなことはせず、プロセスを細かく分けて、１つひとつ進めていくことがポイントです。初めに指示を聞き、次に絵を見て答えに合うものを探し、見つけたら指示通りの記号で答え、最後に確認します。ふだんから、「聞く時は聞く」「考える時は考える」などのように行動の切り替えを意識して練習をするとよいでしょう。また本問では、右手や左手を、自分の目線ではなく、絵の中の人物の立場で考えなければいけないところが、問題を難しくしています。正面を向いている人物の右手は、自分から見ると左側にあるということを、体験を通して理解させておいてください。

【おすすめ問題集】

Ｊｒ・ウォッチャー14「数える」、38「たし算・ひき算1」、
39「たし算・ひき算2」

問題24 推理（座標の移動）

観察 集中

〈準 備〉 サインペン（青）

〈問 題〉 **この問題の絵は縦に使用してください。**

①ゾウさんとクマくんが、矢印の通りに動きます。ゾウさんが着いたところのマスには○を、クマくんが着いたところのマスには△を、それぞれ書いてください。

②サルさんが矢印の通りに動きます。☆印のところに着くのは、どのサルさんですか。正しいものに○をつけてください。

〈時 間〉 各20秒

〈解 答〉 下図参照

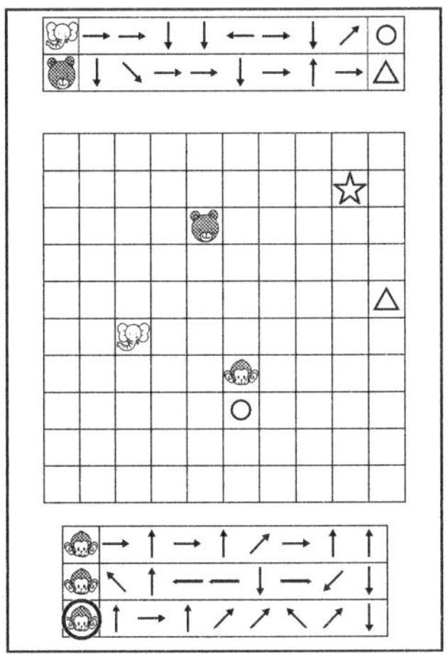

［2018年度出題］

学習のポイント

矢印の指示に従って、マスを進めていきます。ゾウさんとクマくんのスタート位置を確認して、１つずつていねいに進めれば問題ありません。上下左右だけでなく斜めへ移動する指示もあるので、注意して取り組みましょう。サルさんについても同様に、３つの指示通りに進めて、正しい答えを見つけてください。本問では、１つひとつの指示に対して、７～８回手を動かさなければいけないため、正確な作業を繰り返すことが要求されています。実際の試験では、解き終わって時間が余ったら見直しするというのは、解答時間が短いので現実的ではありません。マスを１つ進めるごとに軽く確認し、答えが出た時にも確認というように、小さな確認を繰り返す習慣をつけておくと良いでしょう。その方は早く正確に処理できるようになり、小学校進学後の学習にも役立つ力となります。

【おすすめ問題集】

Ｊｒ・ウォッチャー47「座標の移動」

問題25　巧緻性

聞く　集中

〈準　備〉　折り紙を縦に四つ切りしたもの（８枚程度）、ラベルシール（四角形の小さいシール）

〈問　題〉　この問題の絵はありません。
机の中から、トレーを出してください。トレーの中に、細長い折り紙とシールがあります。細長い折り紙の端と端を、シールで止めて輪を作ります。輪ができたら、もう１つ作りましょう。「やめ」というまで続けてください。

〈時　間〉　１分

〈解　答〉　省略

［2018年度出題］

学習のポイント

手先の器用さを観る巧緻性の問題は、当校では例年出題される頻出分野です。課題はあまり複雑ではありませんが、細かな作業を要求されることが、当校の課題の特徴です。手先の器用さだけでなく、細かい作業を繰り返す集中力、失敗しても投げ出さずに続ける根気など、物事に取り組む際の姿勢が観られています。試験内容を想定した練習はしやすいと思いますので、小さな穴に糸に通したり、シールをいくつも貼ったりするなどの練習を、早いうちから始めておいてください。慣れてきたら、作業を連続で繰り返したり、素早くこなしたりと、実際の試験を意識して難易度に上げていくとよいでしょう。

【おすすめ問題集】
Ｊｒ・ウォッチャー23「切る・貼る・塗る」、実践 ゆびさきトレーニング①②③

問題26　行動観察

観察　集中

〈準　備〉　マット（５枚程度）、造花、紙皿、食べ物のおもちゃ（おすし、パン、ケーキ、お菓子など）、毛糸、スポンジ、チケット（20枚程度）
※この課題は、４名程度のグループで行う。

〈問　題〉　この問題の絵はありません。
①それぞれのグループで、何屋さんをやるのかを相談で決めてください。
②部屋の真ん中にある材料やおもちゃを使って、お店を作ってください。
③それぞれのグループで、お店屋さんの人と、お客さんの人に分かれてください。お客さんの人には、今からチケットを５枚配ります。今から配りますので、（先生のところに）取りに来てください。
④それではお店屋さんごっこを始めます。
⑤終わったら、全員で片付けをしましょう。

〈時　間〉　30分

〈解　答〉　省略

［2018年度出題］

学習のポイント

本年度の行動観察の課題は、４名程度に分かれてのお店屋さんごっこでした。はじめにみんなでフルーツバスケットを行いながら、グループ分けをします。番号順ではなく、ゲームの結果で分かれるのですが、これにあまり意味はないでしょう。その後、先生がタンバリンを鳴らす音を合図に、①から④の課題を進めていきます。初めてのお友だちと相談をしてお店を決めたり、店員とお客の役割を決めたりといった、初対面の相手とコミュニケーションをとる力が観られています。また、楽しくなってきてもルールを守って遊べるかどうかといった点も、観点の１つと言えます。課題に向けての対策にこだわる必要はありませんが、ふだん、お友だちといっしょに遊ぶ時に、遊びの中でのマナーを身に付けられると良いでしょう。

【おすすめ問題集】

Ｊｒ・ウォッチャー29「行動観察」

問題27　分野：記憶（お話の記憶）

集中　聞く

〈準 備〉　サインペン（青）

〈問 題〉　お話をよく聞いて、後の質問に答えてください。

きょうは日曜日です。ふたばちゃんは２階の自分の部屋で起きると、目をこすりながら下のリビングへと降りていきました。するとお父さんが台所に居て、朝ごはんを作っています。「ふたば、パンケーキを焼くから、顔を洗って来なさい」と、お父さんは言いました。ふたばちゃんが、洗面所で顔を洗ってくるとテーブルには、お皿に載ったパンケーキが５枚置かれていました。ふたばちゃんはおばあさんと弟の間にある席に座り、「いただきます」と言って食べようとしましたが、ナイフもフォークありません。ふたばちゃんは正面に座っているお父さんに「おとうさん、ナイフとフォークを取って」と言いました。おとうさんの右側に座っているお母さんが、「ふたば、自分で取りに行きなさい」と、少し怖い声で言いました。ふたばちゃんはナイフとフォークを食器入れから取って、自分の席に戻りました。取りに行っている間にふたばちゃんの右側に座っているおばあちゃんが、ふたばちゃんのコップにオレンジジュースを入れてくれたようです。「ありがとう、おばあちゃん」ふたばちゃんは、おばあちゃんにお礼を言って、パンケーキを食べ始めました。「おとうさんは、クリームとバナナを載せるけど、ふたばも食べる？」とお父さんがふたばちゃんに聞きました。「クリームだけちょうだい」とふたばちゃんは答えました。お父さんはクリームをふたばちゃんのお皿に載せてくれました。しばらくすると「おかわり！」と横に座っている弟が言いました。「もう材料がないから焼けないよ」とお父さんが笑いながら言いました。「おとうさんは焼くのにいそがしくて、パンケーキを半分しか食べてないよ」とおばあちゃんが言いました。「バナナは全部食べたよ」とお父さんが笑いながら言いました。

①お父さんがパンケーキを食べた後のお皿はどのようになっていましたか。○をつけてください。
②お父さんがパンケーキ以外に食べたものはどれですか。○をつけてください。
③ふたばちゃんの家族はテーブルにどのように座っていましたか。正しいものに○をつけてください。

〈時 間〉　各20秒

〈解 答〉　①右から２番目　②右端（バナナ）　③左端

［2017年度出題］

学習のポイント

少し長いお話ですが、登場人物やお話の流れはそれほど複雑ではありません。ただし、位置関係や、数量をたずねる問題があるので、あらすじを把握する際に、「誰が」「どのくらい」といった細部まで把握し、ていねいに確認しながら聞き取っていくとよいでしょう。当校では、「～は何でしたか」という単純な質問に加え、「いくつ」「どこ」といった点を聞く問題も出題されます。これに対応していくには、お話の場面を具体的に想像しながら聞く練習が必要です。日頃の読み聞かせでは、お話の途中や最後に、お子さまにお話についての質問を投げかけることで、場面を想像する練習にもなります。

【おすすめ問題集】
1話5分の読み聞かせお話集①・②、お話の記憶 初級編・中級編・上級編
Ｊｒ・ウォッチャー19「お話の記憶」

問題28　数量（計数）

観察　集中

〈準備〉　サインペン（青）

〈問題〉　①浮き輪をつけて泳いでいる人は何人いますか。その数だけ、左下の四角の中に○を書いてください。
②船は何艘いますか。その数だけ、右下の四角の中に○を書いてください。

〈時間〉　各20秒

〈解答〉　①○：5　　②○：5

[2017年度出題]

学習のポイント

当校の入試で頻出の「数量」分野の問題です。数の意味を理解し、数を分けたり、２つ以上の集合数の多少がすぐイメージできたりするくらいには「数の感覚」を磨いておきましょう。ここでは①②ともに、数多くあるものの中から、特定のものを選んで数える問題ですから、素早い判断と計数が必要です。また、本問のような１枚絵の場合は、自分で絵を分割し、分割したブロックごとに対象のものを計数する方法も有効でしょう。当校の数量分野の問題は解答時間が短いので、印を付けたり、確認する余裕はないかもしれません。入試までには、問題の趣旨と回答方法の理解を確実に行い、ケアレスミスをしないで答えられるだけの実力をつけておきましょう。

【おすすめ問題集】
Ｊｒ・ウォッチャー14「数える」、37「選んで数える」

問題29　分野：図形（回転）

観察　考え

〈準備〉　サインペン（青）

〈問題〉　左端の形をその横に書いてある矢印の向きに矢印の数だけ回転させると、どのようになるでしょう。正しいものを選んで、○をつけてください。

〈時間〉　各30秒

〈解答〉　①右から２番目　　②右端　　③右から２番目

［2017年度出題］

学習のポイント

図形の回転の問題です。矢印の数で回転する回数を指示するという点が少しわかりづらいかもしれません。小学校入試の回転図形では、「右へ１回まわす」とは、図形の右の辺が底辺になるように回すという意味です。四角形ならば右へ90度、三角形ならば右へ120度回転させることになります。少し変わった表現なので、今後混乱しないように、その場で理解させてしまいましょう。この問題もそうですが、図形の問題を解くには、「重ねる」「回転させる」「裏返す」「反転させる」「組み合わせる」などの操作を頭の中で行う必要があります。そのためには、実物を使ってそれらの操作をする練習をして、図形の持つ特性や操作した際の法則性を理解していなければなりません。生活の中で「三角形を回転させる」、「複雑な図形を反転させる」といったシチュエーションはなかなかありませんから、本問のようなペーパーテストに取り組み、その過程でお子さまがつまずくようであれば、その都度実物を用意して、確認しながら進めた方がよいでしょう。言葉で説明するよりも時間が節約できます。

【おすすめ問題集】
　Ｊｒ・ウォッチャー46「回転図形」

問題30　分野：推理（系列）

考え　集中　観察

〈準備〉　鉛筆

〈問題〉　それぞれの段の記号は、お約束にしたがって並んでいます。空いている四角の中に入る記号を書いてください。

〈時間〉　各30秒

〈解答〉　①●　②◎　③○　④○

［2017年度出題］

学習のポイント

系列の問題では、はじめに系列全体に目を通して、繰り返されるお約束を見つけます。その時のポイントは、特徴的な並び方が２度目に出てきたところに注目することです。①では、●●の所に注目し、●△●●△というパターンを見つけます。②では☆▽に注目して、☆▽◎▽□を見つけます。同様に③では●△□○△、④では☆○■★■☆というお約束になります。またハウツーとして、同じ記号や絵を探してそれぞれ別の指で押さえ、その指の間隔を保ったまま、空欄になっている部分に一方の指を移動させて解答を導くという方法もあります。この方法は問題の考え方を知る上では有効ですが、「考えて法則を発見する」という問題の趣旨に合いませんし、応用も利きませんから、まずは法則を見つけることを優先して練習してください。

【おすすめ問題集】

Ｊｒ・ウォッチャー６「系列」

問題31　分野：図形（間違いさがし）　集中

〈準備〉　サインペン（青）

〈問題〉　**この問題の絵は縦に使用してください。**
上の絵と下の絵には、違うところが５つあります。違うところを探して、下の絵に○をつけてください。

〈時間〉　１分

〈解答〉　下図参照

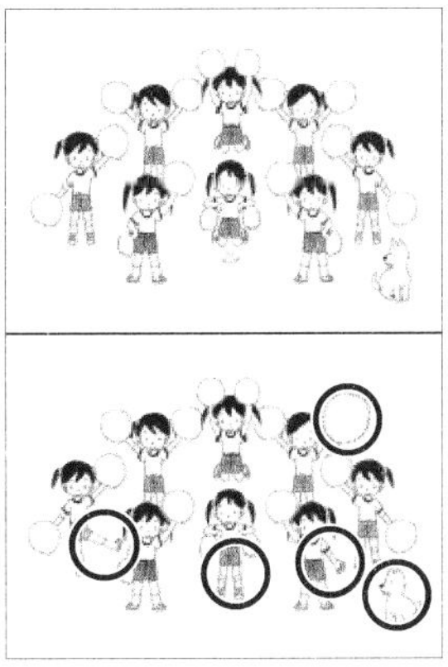

［2017年度出題］

学習のポイント

観察力、集中力が問われる問題です。どこがどう違うのか、集中してしっかり観察しないと見落しとてしまいそうな細かい違いばかりです。情報量の多い２枚の絵を見比べる場合は、頭の中で絵を分割したり要素に分けたりして、１つひとつじっくり見比べていきましょう。ここでは、女の子１人ひとりについて、さらに髪型・顔→手足の上げ方→手に持っているもの→服やズボンといったように、分けて見比べていくと、違いを見つけやすくなります。この問題のような間違い探しには観察力が必要ですが、「よく見なさい」と指導しても観察力は養われません。保護者の方が「何に・どのように」注目するかをお子さまに指導するようにしてください。

【おすすめ問題集】
Ｊｒ・ウォッチャー４「同図形探し」

問題32　分野：推理（ブラックボックス）　考え

〈準　備〉　鉛筆・消しゴム

〈問　題〉　１番上を見てください。３種類の箱がありますが、それぞれの箱に左から○を入れると、右のようになって出てきます。では、下を見てください。それぞれの「？」のところには、○はいくつあるでしょうか。その数だけ、右側の四角に○を書いてください。

〈時　間〉　各30秒

〈解　答〉　①○：４　②○：６　③○：６

［2017年度出題］

学習のポイント

まず、条件（左から「１つ増える」「２つ減る」「変わらない」）をしっかり把握してから始めましょう。②では逆算していかなければなりません。その箱からこの個数が出てくるようにするためには○を何個入れたらよいのかを、１段階ずつ考えていきましょう。いずれも単純なたし算・ひき算ですが、このように出題形式が変わると、それだけで戸惑ってしまうかもしれません。問題に数多くあたり、さまざまな出題形式に触れておくことも重要です。なお、当校のような難関校でも、小学校受験の「ブラックボックス」の問題では、「○倍」「○分の１」という概念が出てくることはほとんどありません。「２→４」という変化であれば「２つ増える」、「６→３」という変化であれば「３つ減る」と考えるのが一般的です。

【おすすめ問題集】
Ｊｒ・ウォッチャー32「ブラックボックス」

問題33　分野：巧緻性　集中

〈準 備〉　ひも（15cm程度、３本）、ビーズ（10個程度）

〈問 題〉　**この問題の絵はありません。**
ビーズをまとめた３本の糸に通してください。ビーズを通したら、糸の端は固結びをして留めましょう。

〈時 間〉　３分

〈解 答〉　省略

［2017年度出題］

学習のポイント

当校で例年出題されている巧緻性の問題です。手先の器用さを観るためのものですが、年齢相応の発達をしているかどうかをチェックしているだけですから、ひも３本にビーズをすべて通せなければ合格しない、ということはありません。指示を理解した上で、落ち着いて作業を行えばすべてできていなくても問題ないでしょう。その上で、「作業を手早く行ったり、出来映えがよければ、なお評価がよい」程度の受け止め方をしてください。この種の巧緻性を観る問題、さらに制作問題や行動観察は、入学してからの作業も行いますが、集団行動する時に「問題がないかをチェックする」ためのもので、創造性やリーダーシップを求めるものではありません。お子さまに指導する時には、神経質に作業の問題点を指摘するのではなく、ゲーム感覚で楽しく練習できる雰囲気作りをしましょう。

【おすすめ問題集】
Ｊｒ・ウォッチャー25「生活巧緻性」、実践ゆびさきトレーニング①②③

問題34　分野：行動観察　聞く　協調　公衆

〈準 備〉　バーベキューの食材：新聞紙（丸めて野菜に見立てる）、スポンジ（魚に見立てる）、折り紙や花紙（テーブルの飾りつけ用）、段ボール（焚き木に見立てる）エプロン、毛糸、スポンジ、折り紙、紙コップ、紙皿、プラスチックコップ、割りばしなど。
※この課題は６～８名程度のグループで行う。

〈問 題〉　**この問題の絵はありません。**
★みんなでバーベキュー（ふたばバーベキュー）
①グループでテーブルのセッティングをする。段ボールに布を敷いてテーブルクロスにする。
②グループで食材を集める。新聞紙を丸めて野菜として収穫、スポンジを魚として釣る。
③集めた食材をバーベキューにして食べ、後片付けを行なう。

〈時 間〉　45分程度

〈解 答〉　省略

［2017年度出題］

学習のポイント

６～８人ずつのグループに出題された行動観察分野の問題です。前年度はレストランを舞台にしたものでしたが、集団での行動観察ということには変わりなく、協力して役割を作業を行なう協調性、取り組みへの積極性といった点が評価される課題です。また、はじめて会うコミュニケーションを取りますから、初対面の人との接し方も観られていると考えてよいでしょう。当校だけというわけではありませんが、一通りの作業が終わると後片付け、ほかのグループの作業を観ている間の待機といった、お子さまにとってはあまり楽しくない時間が行動観察にはつきものです。当校入試では、テストの結果だけではなく、そういった時間をどのように過ごしているかという点も評価の対象と指導してください。

【おすすめ問題集】
Ｊｒ・ウォッチャー29「行動観察」

問題35　分野：記憶（お話の記憶）

集中　聞く

〈準備〉　サインペン（青）

〈問題〉　お話をよく聞いて、後の質問に答えてください。
日曜日の朝です。「おはよう、今日はとってもいい天気よ」とお母さんが起こしに来てくれました。窓の外はきれいな青い空です。ふたばちゃんはうれしくなって飛び起きました。今日はお母さんとお父さんと一緒に動物園に行く約束をしています。大好きな水玉模様のワンピースに着替えました。それからお気に入りの帽子をかぶって、お母さんが作ってくれたお弁当を持って出発しました。動物園はたくさんの人でにぎわっています。まずはサル山に行ってサルを見ました。母ザルが子ザルを抱っこしていました。サルの親子がかわいいので夢中になって見ていたらびゅうっと強い風が吹いて帽子が飛ばされてしまいました。「待って！」ふたばちゃんは飛ばされた帽子を追いかけて行きました。たくさんの人がいて帽子までなかなかたどり着けません。とうとう帽子を見失ってしまいました。「あーあ、どこいっちゃったんだろう。あれ？」帽子を追いかけているうちにお母さんとお父さんとはぐれてしまいました。ふたばちゃんは悲しくて泣きそうになってしまいました。すると、「どうしたんだい？」とパンダが話しかけてきました。「迷子になってしまったの」と言うと、「お母さんとお父さんなら、さっきライオンさんの方へ行ったのを見たよ。この道をまっすぐ行くといいよ」と教えてくれたのでライオンのところへ行きました。ライオンは「ぼくのところには来ていないよ、そうだ、キリンさんのところに行くといいよ」と言ってくれました。ふたばちゃんはお礼を言ってキリンのところへ行きました。話を聞いたキリンは「それならぼくが高いところから探してあげるよ」と長い首をのばしてぐるりと見渡して「見つけたよ！ゾウさんのところにいるよ」と教えてくれました。ふたばちゃんは走ってゾウの広場に行きました。すると、お母さんとお父さんがいました。「どこに行っていたの、心配していたのよ」とお母さんは帽子をかぶせてくれました。なくしたと思っていた帽子はお母さんが拾ってくれていました。そのあとお父さんとお母さんと一緒に楽しく動物園を見て回りました。

①動物園に行った時はどんなお天気でしたか。選んで○をつけてください。
②ふたばちゃんがお話した動物に○をつけてください。
③ふたばちゃんが迷子になったところにいた動物に○をつけてください。
④お話に出てこなかった動物に○をつけてください。

〈時間〉　各15秒

〈解答〉　①右から２番目　②パンダ、キリン、ライオン　③パンダ　④ダチョウ、リス

［2016年度出題］

学習のポイント

長くて登場人物の多いお話は、きちんと整理しながら聞かないと、途中でわからなくなってしまいます。はじめはゆっくり読み聞かせをしながら、所々で誰が出て来たか、その人はどうしようとしているか、周りの景色はどうかなど、質問をしながら、お子さまの記憶の中に話をとどめていく工夫をしてあげましょう。また、お子さまがこういった問題に慣れるまでは、お話の登場人物の１人になったかのように声かけをしたり、お話に出てくる動作をまねたりするのもよいでしょう。例えば、「どんな帽子かな、かぶってみて」、「ゾウさんはどんな大きさかな、手でやってみて」といったように体を動かしながらイメージすると、最後まで集中してお話を聞く訓練になり、記憶に残りやすいでしょう。

【おすすめ問題集】

１話５分の読み聞かせお話集①・②、お話の記憶　初級編・中級編・上級編
Ｊｒ・ウォッチャー19「お話の記憶」

問題36　複合（数量・推理）

観察　集中

〈準　備〉　サインペン（青）

〈問　題〉　①ウサギの数とキリンの数はどれだけ違いますか。その数だけ、左下の四角の中に○を書いてください。
②右手だけを挙げている動物の数だけ右下の四角の中に○を書いてください。
③運転手は誰ですか。△をつけてください。
④お客さんから始めて、左から６番目の動物に○をつけてください。

〈時　間〉　１分30秒

〈解　答〉　下図参照

［2016年度出題］

学習のポイント

たくさんの動物が描かれているので、何を答えるのかわからなくなってしまわないように、落ち着いて指示を聞く力が求められます。④は「お客さんから始める」という箇所を聞きもらさないように気を付けましょう。本問において特に難しい問題は②です。左右の弁別ができるということが前提となっています。その上で、電車に乗っている動物と、その周りにいる動物の体の向きの違いに合わせて、正面の姿・後ろ姿でそれぞれ視点を切り替えて、右と左の判別ができるかどうかがポイントとなります。間違えてしまった際には、お子さまがどの動物を数えたのか確認し、お子さまの目の前で右手を挙げ、体の向きを変えて見せてあげるとよいでしょう。

【おすすめ問題集】

Ｊｒ・ウォッチャー14「数える」、37「選んで数える」

問題37 分野：常識（生活・理科）

知識

〈準 備〉 サインペン（青）

〈問 題〉 ①仲間はずれはどれですか。○をつけてください。
②仲間はずれはどれですか。○をつけてください。
③花の色が変わる花に○をつけてください。
④溶けるものに○をつけてください。

〈時 間〉 各15秒

〈解答例〉 ①左から２番目（しゃもじ）　②左から２番目（カボチャ）
③左端（アジサイ）　④右から２番目（ソフトクリーム）

［2016年度出題］

学習のポイント

「種類」や「仲間」の分け方は、何を基準にして分けるかでさまざまなパターンが挙げられます。また、分類によっては別の解答が考えられる場合もありますので、お子さまが模範解答と異なったものを解答とした際、すぐに誤りだとして答えを訂正するのではなく、解答の理由を聞いてあげましょう。その上で解答例の考え方を説明してあげてください。③のアジサイはかなり難度の高い問題です。アジサイは花が咲いてから日が経つにつれて色が変わってきます。日常で頻繁に通る道にアジサイがあれば意識して見てみるとよいでしょう。花については、「種か球根か」「咲く季節」「葉の形」などが頻出しています。日頃から気になった植物については図鑑やインターネットで調べておきましょう。

【おすすめ問題集】

Ｊｒ・ウォッチャー11「いろいろな仲間」、27「理科」、55「理科②」

問題38　分野：推理（条件移動）

観察　集中

〈準 備〉　サインペン（青）

〈問 題〉　**この問題の絵は縦に使用してください。**
ゾウさん、ウサギさん、ネコさんですごろくをします。
上の段を見てください。◎のマークが出たら２つ、☆のマークは３つ進みます。△のマークが出たら１つ戻ります。２段目にそれぞれが５回サイコロを振って出たマークが書いてあります。３段目を見てください。スタートから始めて★のマークまでたどり着くのはどの動物でしょうか。１番下の段の動物に○をつけてください。

〈時 間〉　２分

〈解 答〉　ネコ

［2016年度出題］

学習のポイント

たくさんの「お約束」がありますから、それをきちんと理解してから問題に取り組みましょう。出題の読み上げは１回だけですので、聞き逃すことのないように集中しなくてはいけません。このような指示を覚える訓練は、日常で鍛えることができます。保護者の方はお子さまに何か教えたり、頼んだりした時には、「お母さん（お父さん）が言ったことを言ってごらん」といったように、お子さまに内容を復唱させてあげてください。例えば、おつかいを頼む際に、おつかいの内容をお子さまに言葉にさせて確認する、といった場面で復唱による確認作業を繰り返すことで、１回できちんと聞き取ろうとする集中力を養っていくとともに、お子さまの話の理解度を知ることもできます。機会を逃さず実践していくとよいでしょう。

【おすすめ問題集】
Ｊｒ・ウォッチャー31「推理思考」、47「座標の移動」

家庭学習のコツ④　効果的な学習方法～お子さまの今の実力を知る

１年分の問題を解き終えた後、「家庭学習ガイド」に掲載されているレーダーチャートを参考に、目標への到達度をはかってみましょう。また、あわせてお子さまの得意・不得意の見きわめも行ってください。苦手な分野の対策にあたっては、お子さまに無理をさせず、理解度に合わせて学習するとよいでしょう。

問題39　分野：図形（パズル）　集中

〈準備〉　サインペン（青）

〈問題〉　この問題の絵は縦に使用してください。
上の絵のパズルを作るときに使わないピースがあります。下の四角の中から使わないものを見つけて○をつけてください。

〈時間〉　1分

〈解答〉　下図参照

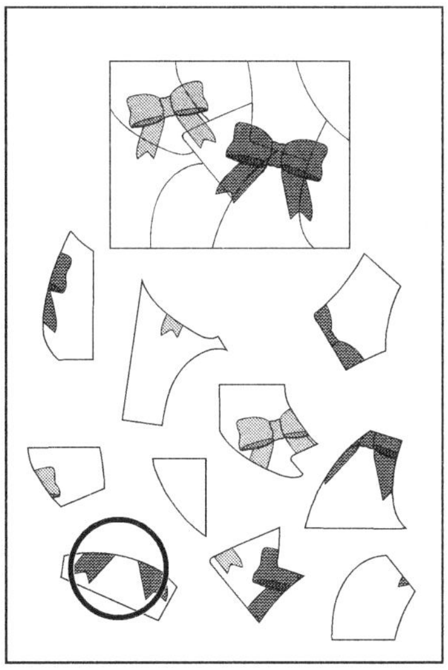

［2016年度出題］

学習のポイント

それぞれピースの形と絵柄を、見本としっかり見比べましょう。絵の継ぎ目がピースの位置を考える手がかりになりますので、当校の入試問題のレベルを考えれば、比較的わかりやすい問題と言えます。パズルの問題は学習というより、日ごろの遊びとして楽しく行うとよいでしょう。最初は本問のような絵が書かれているパズルから始めて、慣れてきたら、絵のないもの、ピースの形が似ているもの、ピースが多いもの、といったように徐々に難度を上げていくとよいでしょう。パズル遊びは図形分野の問題を解くのに必要な観察力を養うことができますので、積極的に行ってください。

【おすすめ問題集】

Ｊｒ・ウォッチャー３「パズル」

問題40　分野：図形（図形の構成）

集中　観察

〈準　備〉　サインペン（青）

〈問　題〉　**この問題の絵は縦に使用してください。**
左側の見本を作るのに使う形はどれですか。それぞれ○をつけてください。

〈時　間〉　各15秒

〈解　答〉　下図参照

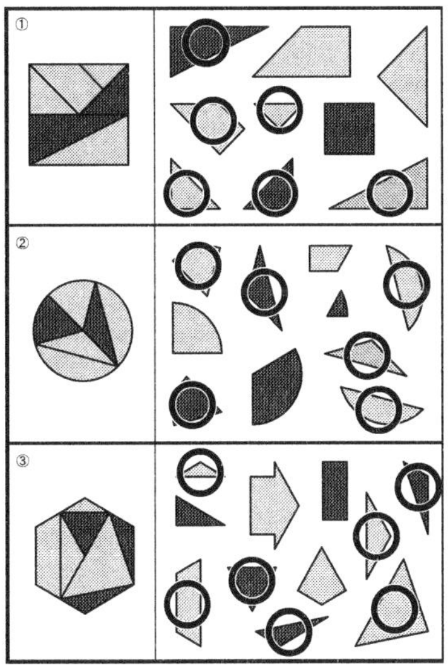

［2016年度出題］

学習のポイント

ピースの形・色をしっかり観察しましょう。本問ではピースに絵がないので、より難しくなっています。こういったパズルの問題はお子さまが興味を持ちやすいものです。積み木やブロックなど、２つ以上の形を組み合わせ、ほかの形にすることは、図形分野の基礎的知識です。体験することで効果的に図形分野の問題を理解できるようになりますから、こうした遊びには日頃から積極的に触れさせるようにしてください。パズルは、論理的思考力・推理力・ねばり強さが遊びながら育成される理想的な教材です。小学校受験ではなかなかそのレベルには到達しませんし、必要もありませんが、頭の中でピースを動かすことができるようになるためにも、実物での体験を大切にしましょう。

【おすすめ問題集】

Ｊｒ・ウォッチャー３「パズル」、９「合成」、45「図形分割」、54「図形の構成」

雙葉小学校　専用注文書

年　　月　　日

合格のための問題集ベスト・セレクション

＊入試頻出分野ベスト３

1st　お話の記憶　集中力　聞く力

2nd　数　量　思考力　観察力

3rd　図　形　思考力　観察力

ここ数年で入試問題は一見やさしくなったように見えますが、ひねった出題や間違えやすい問題もあり、油断できません。記憶・数量・常識分野を中心に基礎から応用までの対策学習が必要です。

分野	書　名	価格(税抜)	注文	分野	書　名	価格(税抜)	注文
図形	Ｊｒ・ウォッチャー2「座標」	1,500円	冊	常識	Ｊｒ・ウォッチャー30「生活習慣」	1,500円	冊
図形	Ｊｒ・ウォッチャー3「パズル」	1,500円	冊	推理	Ｊｒ・ウォッチャー31「推理思考」	1,500円	冊
図形	Ｊｒ・ウォッチャー4「同図形探し」	1,500円	冊	推理	Ｊｒ・ウォッチャー32「ブラックボックス」	1,500円	冊
図形	Ｊｒ・ウォッチャー5「回転・展開」	1,500円	冊	数量	Ｊｒ・ウォッチャー40「数を分ける」	1,500円	冊
図形	Ｊｒ・ウォッチャー6「系列」	1,500円	冊	数量	Ｊｒ・ウォッチャー43「数のやりとり」	1,500円	冊
図形	Ｊｒ・ウォッチャー8「対称」	1,500円	冊	図形	Ｊｒ・ウォッチャー45「図形分割」	1,500円	冊
図形	Ｊｒ・ウォッチャー9「合成」	1,500円	冊	図形	Ｊｒ・ウォッチャー47「座標の移動」	1,500円	冊
常識	Ｊｒ・ウォッチャー11「いろいろな仲間」	1,500円	冊	図形	Ｊｒ・ウォッチャー48「鏡図形」	1,500円	冊
数量	Ｊｒ・ウォッチャー14「数える」	1,500円	冊	図形	Ｊｒ・ウォッチャー54「図形の構成」	1,500円	冊
記憶	Ｊｒ・ウォッチャー19「お話の記憶」	1,500円	冊	常識	Ｊｒ・ウォッチャー55「理科②」	1,500円	冊
巧緻性	Ｊｒ・ウォッチャー23「切る・貼る・塗る」	1,500円	冊	推理	Ｊｒ・ウォッチャー57「置き換え」	1,500円	冊
巧緻性	Ｊｒ・ウォッチャー25「生活巧緻性」	1,500円	冊		実践 ゆびさきトレーニング①②③	2,500円	各　冊
常識	Ｊｒ・ウォッチャー27「理科」	1,500円	冊		面接テスト問題集	2,000円	冊
行動観察	Ｊｒ・ウォッチャー29「行動観察」	1,500円	冊		お話の記憶問題集中級編・上級編	2,000円	各　冊

合計	冊	円

(フリガナ) 氏　名	電　話 ＦＡＸ E-mail
住 所　〒　　　－	以前にご注文されたことはございますか。 有　・　無

★お近くの書店、または記載の電話・FAX・ホームページにてご注文をお受けしております。
　電話：03-5261-8951　FAX：03-5261-8953　代金は書籍合計金額＋送料がかかります。
　※なお、落丁・乱丁以外の理由による商品の返品・交換には応じかねます。
★ご記入頂いた個人に関する情報は、当社にて厳重に管理致します。なお、ご購入の商品発送の他に、当社発行の書籍案内、書籍に関する調査に使用させて頂く場合がございますので、予めご了承ください。

日本学習図書株式会社
http://www.nichigaku.jp

2021年度 雙葉 過去 無断複製／転載を禁ずる

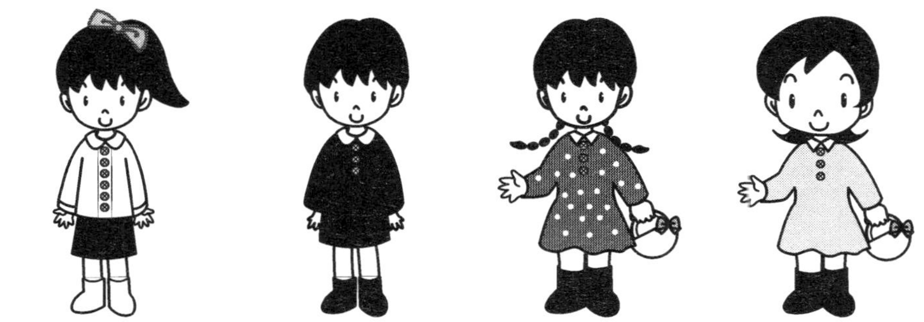

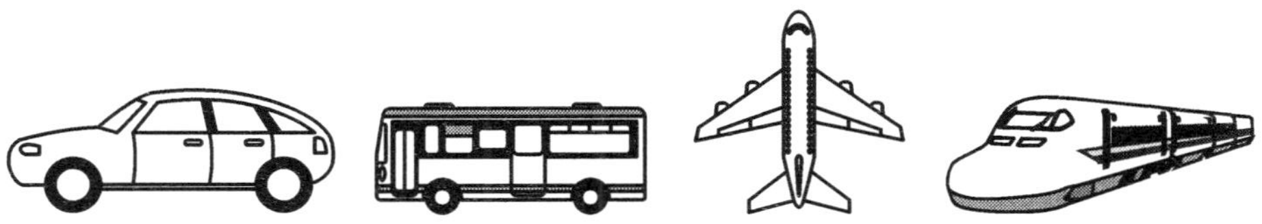

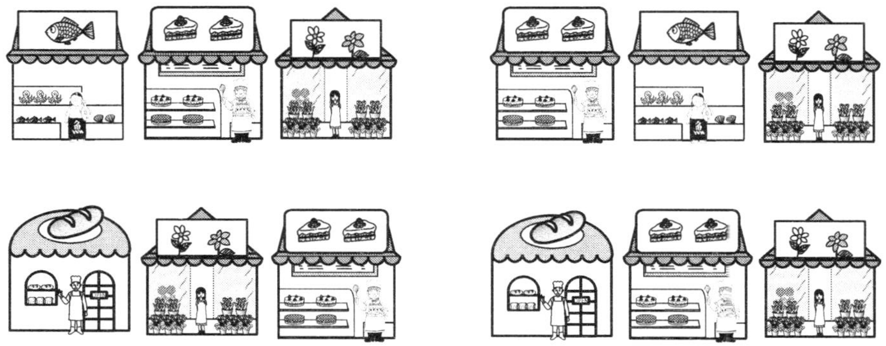

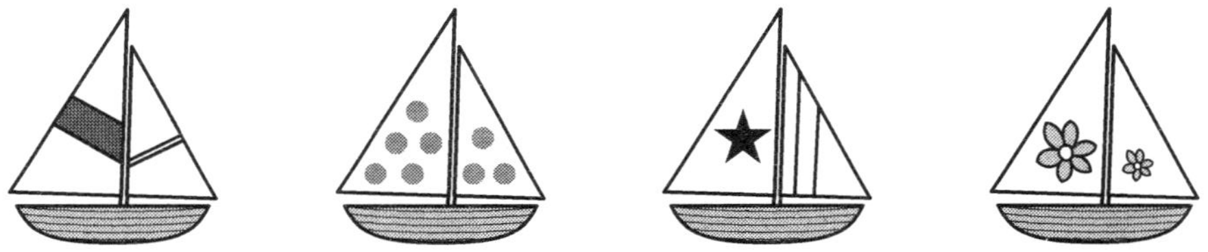

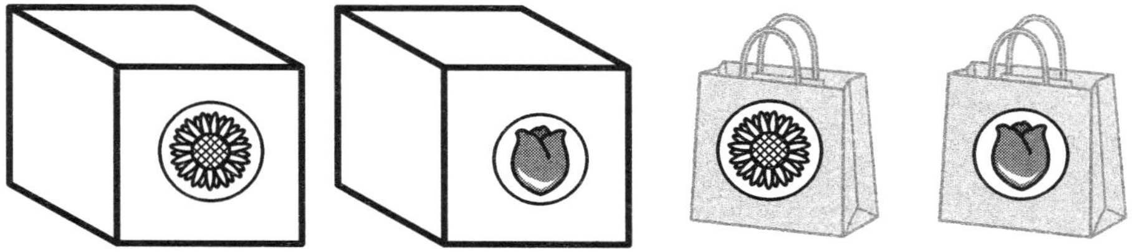

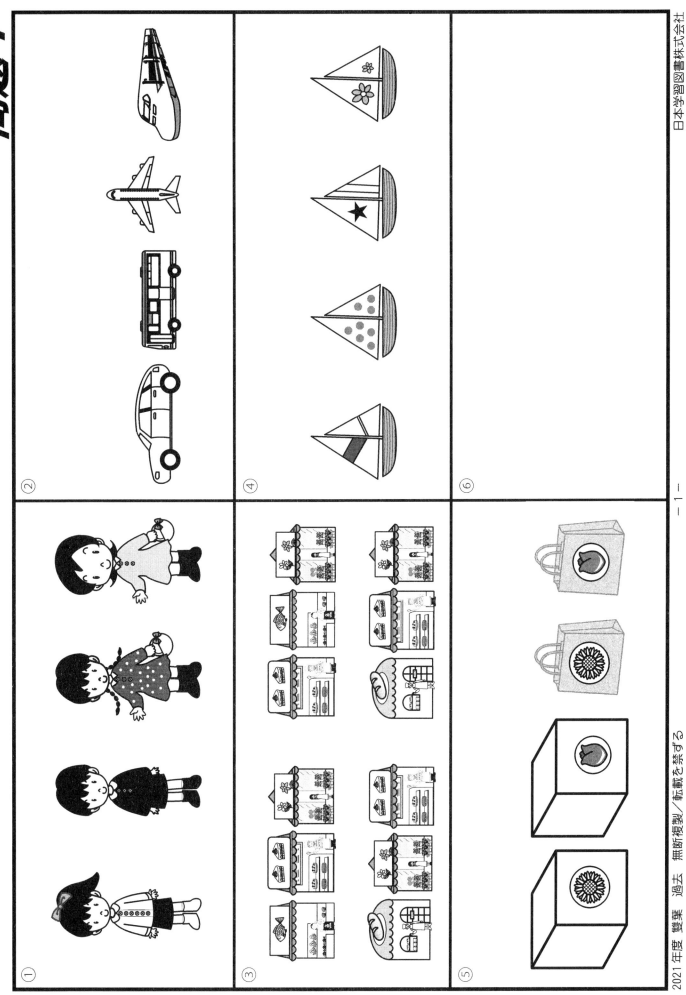

問題2

問題3

問題 4

① ② ③

日本学習図書株式会社

2021年度 雙葉 過去 無断複製/転載を禁ずる

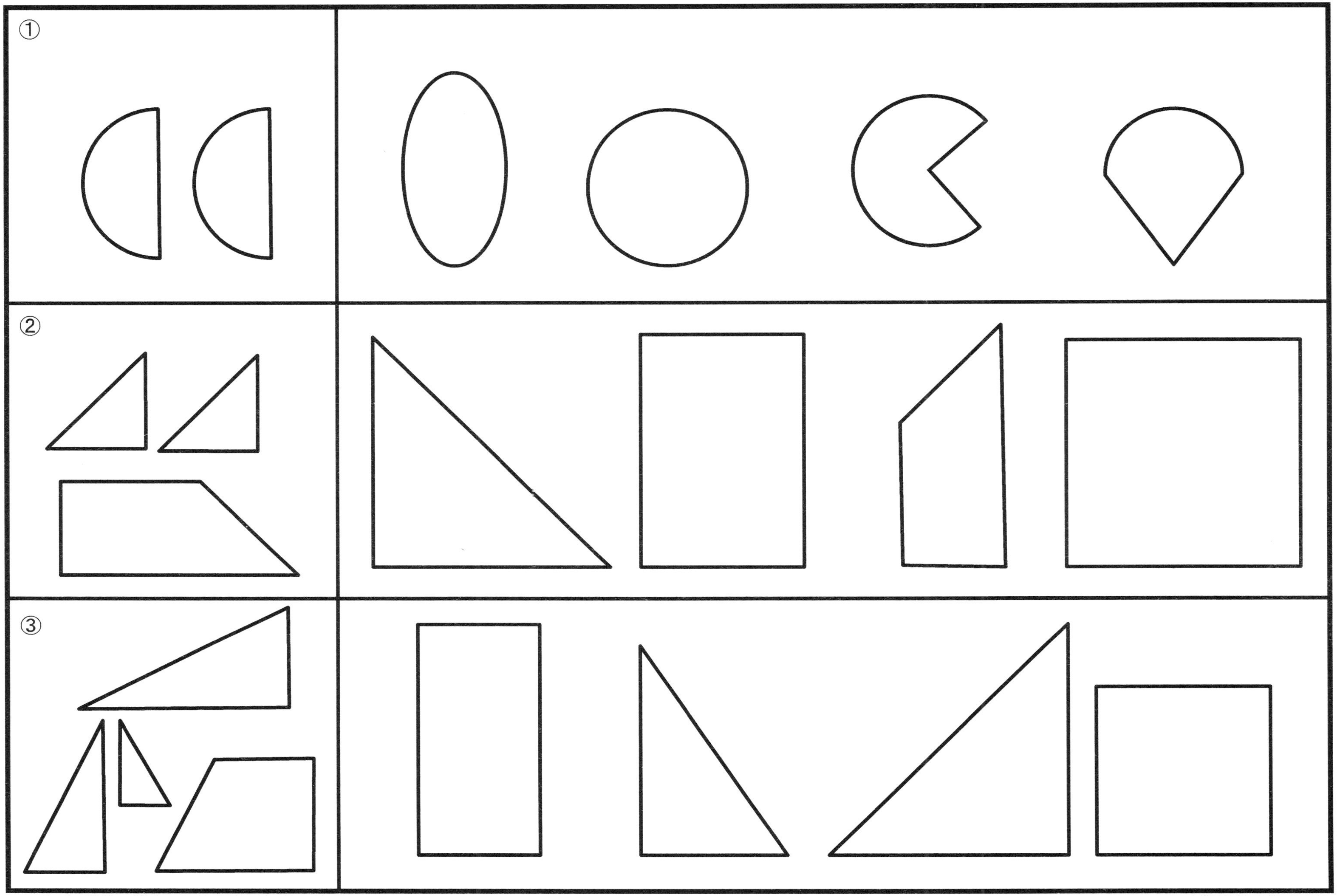

問題5

問題6

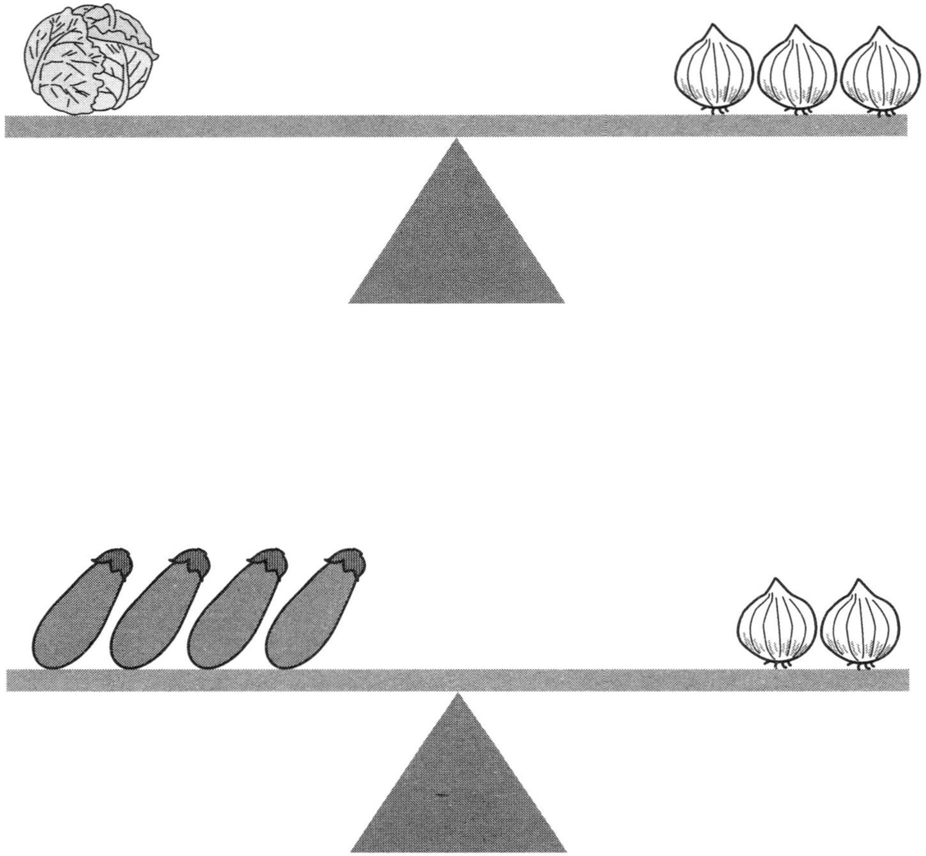

①

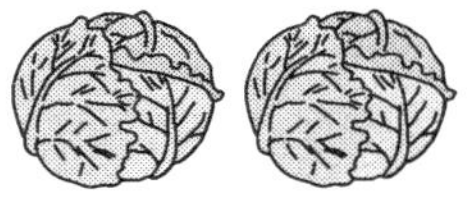

②

③

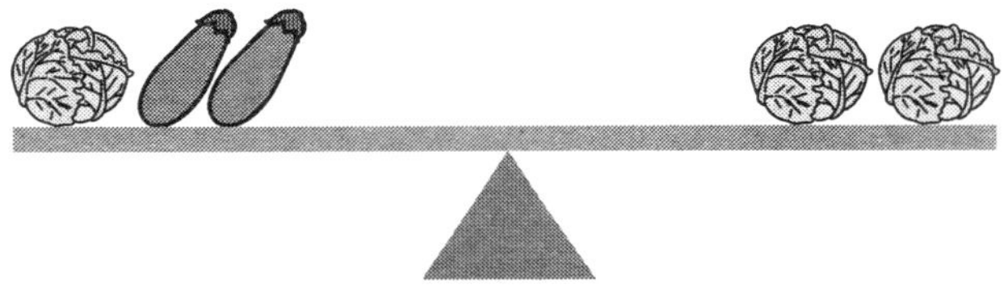

④

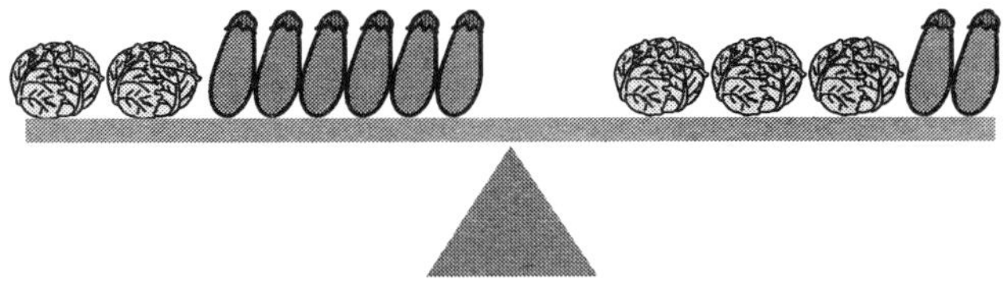

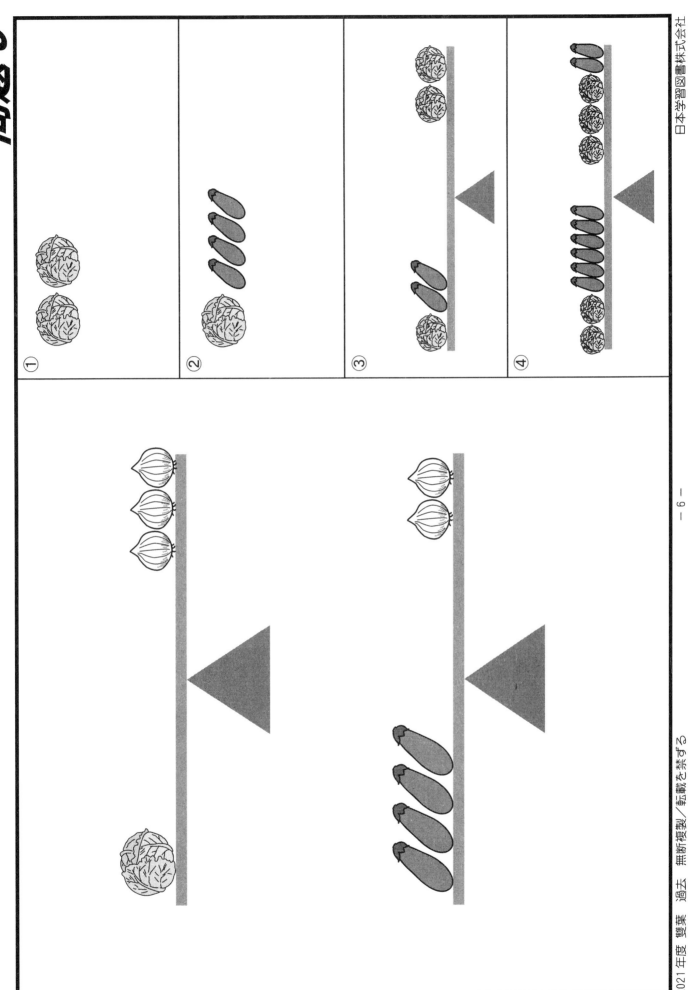

問題 7

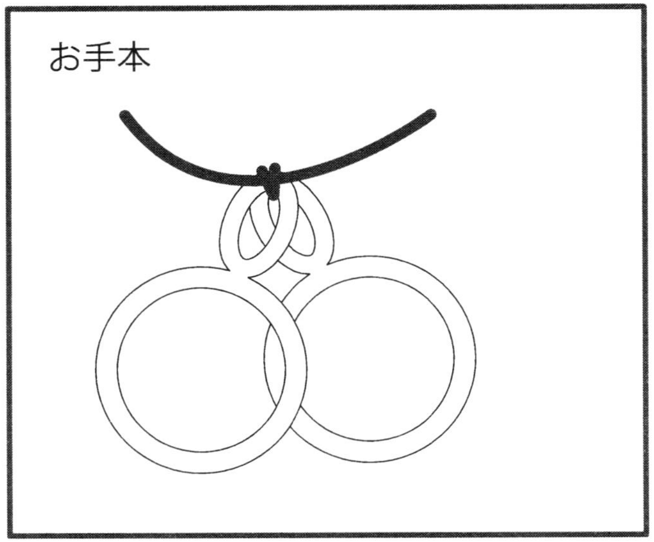

トレイの中にカーテンリング（12個）が入っており
上に綴じひも（6本）がおいてある

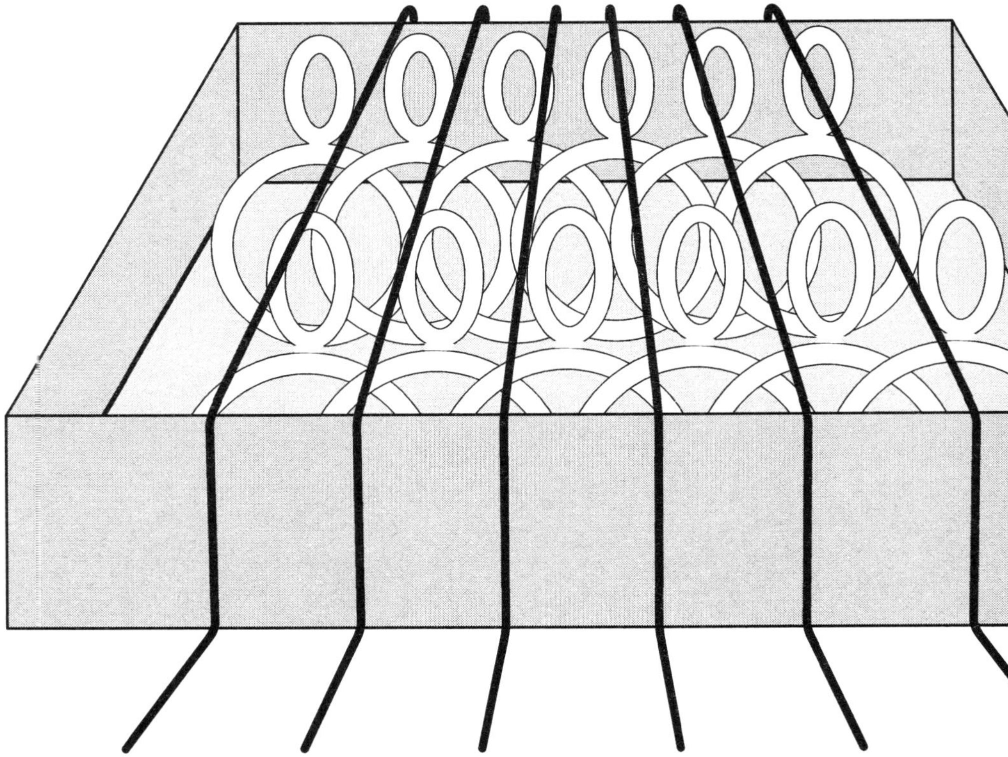

問題9

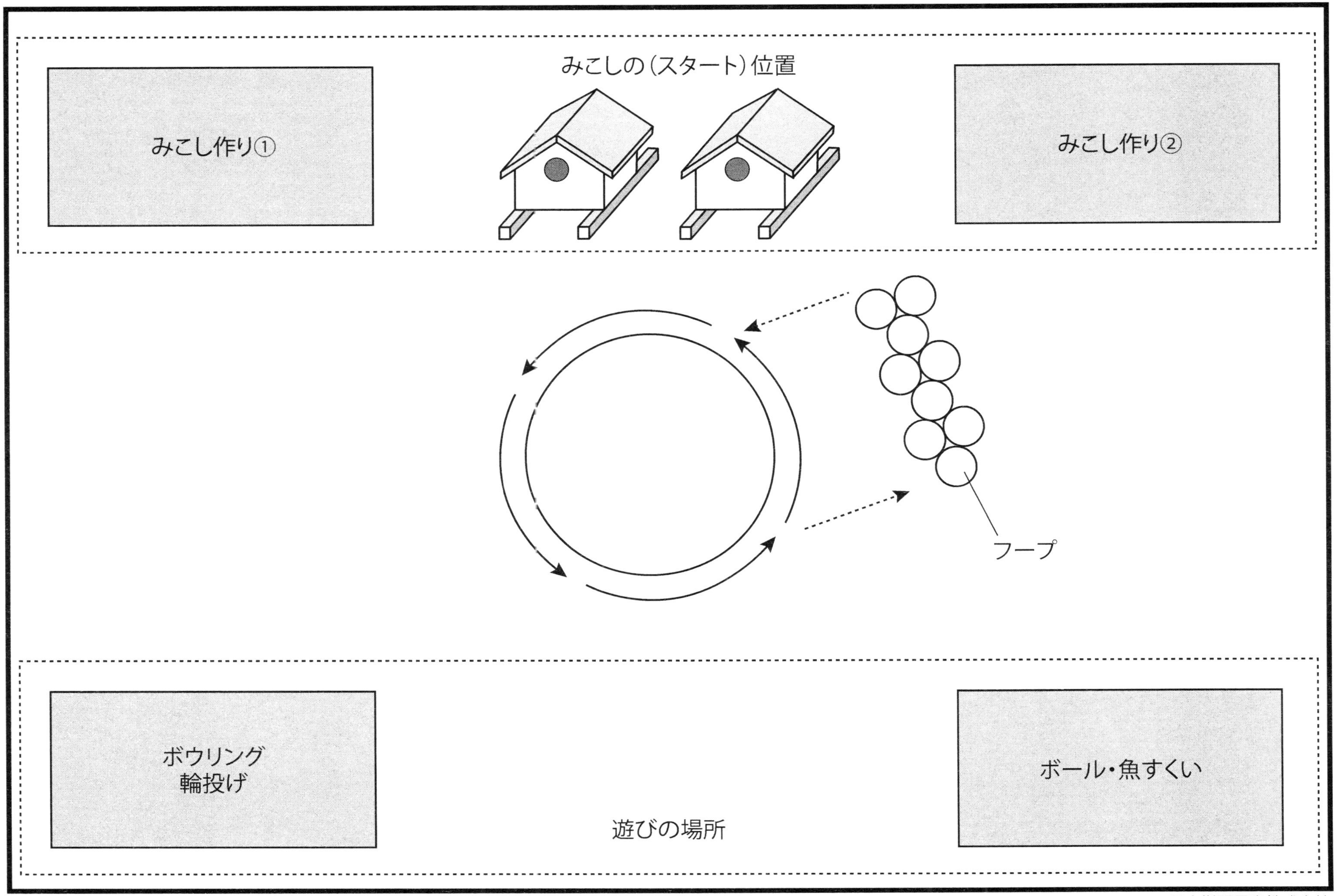
みこし作り①
みこしの（スタート）位置
みこし作り②
フープ
ボウリング
輪投げ
遊びの場所
ボール・魚すくい

問題１１

①

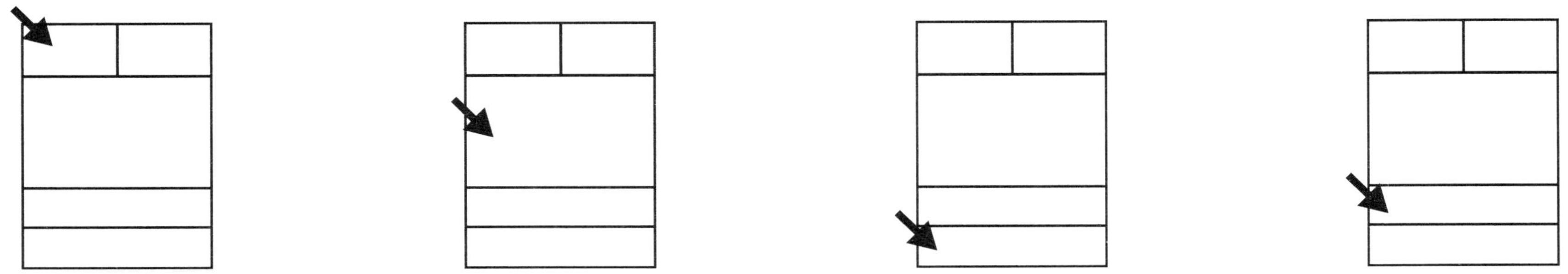

②

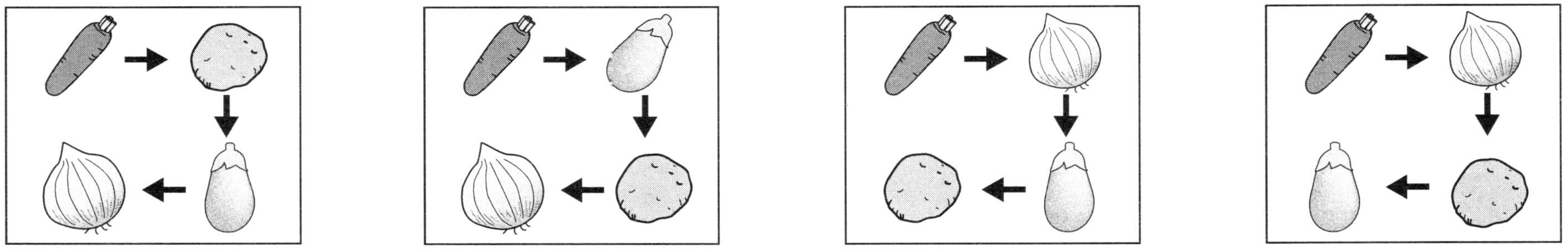

③

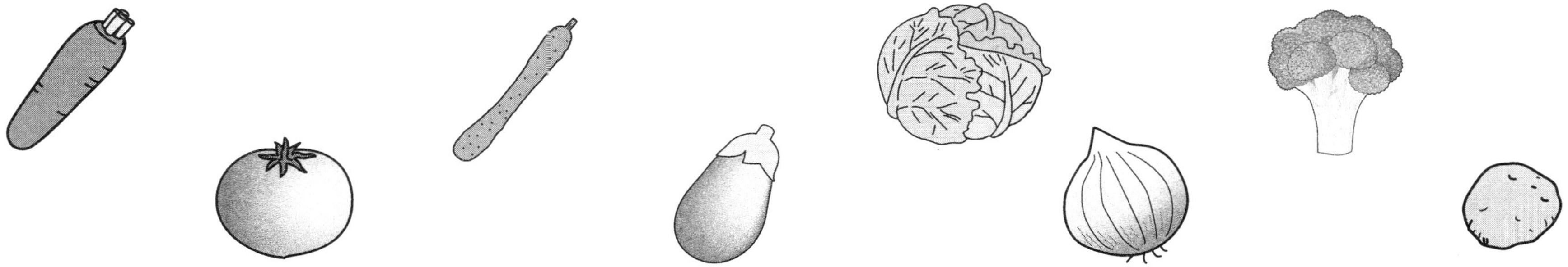

④

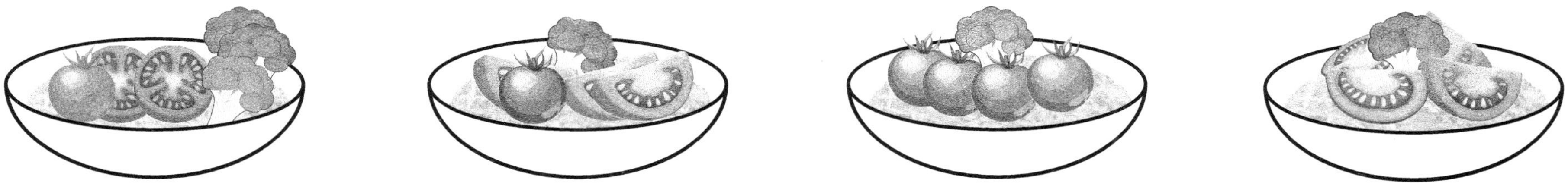

2021年度 雙葉 過去 無断複製／転載を禁ずる 日本学習図書株式会社

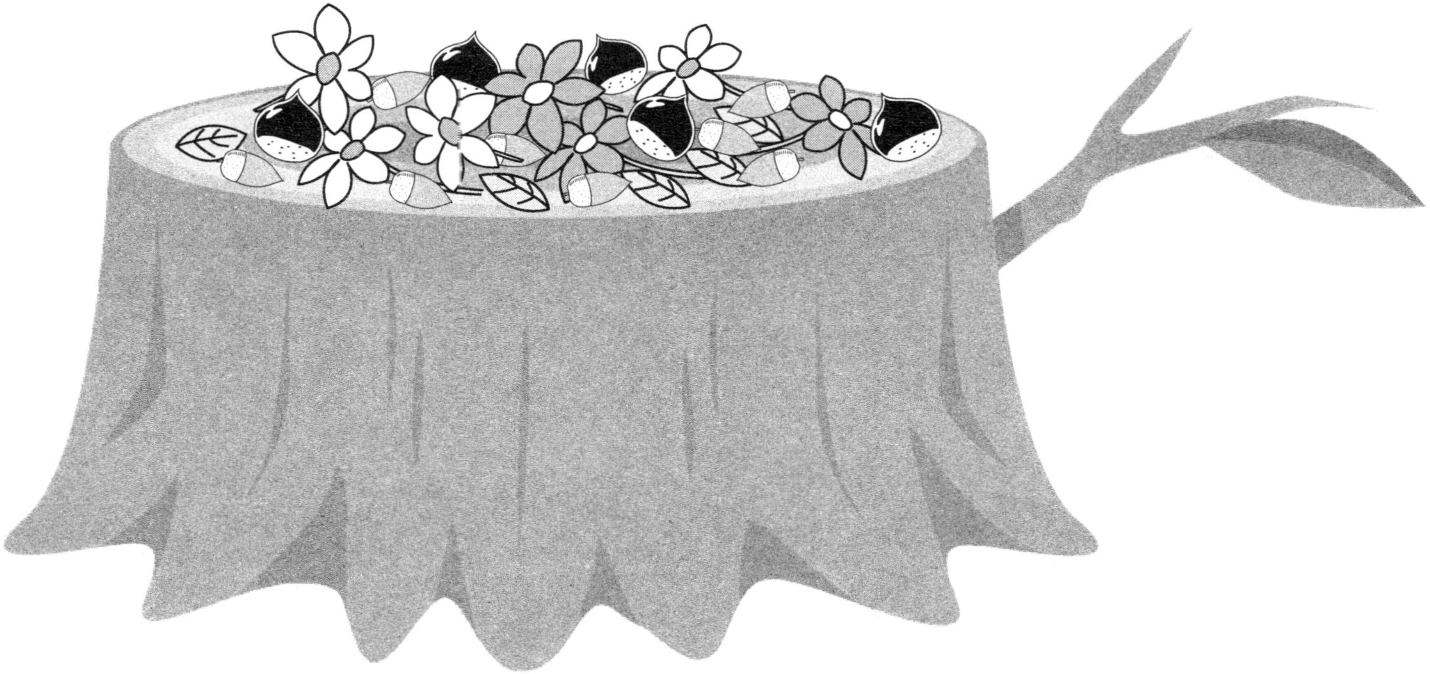

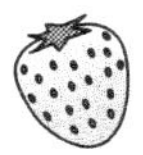

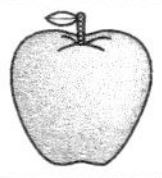

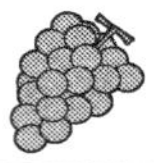

2021年度 雙葉 過去 無断複製／転載を禁ずる

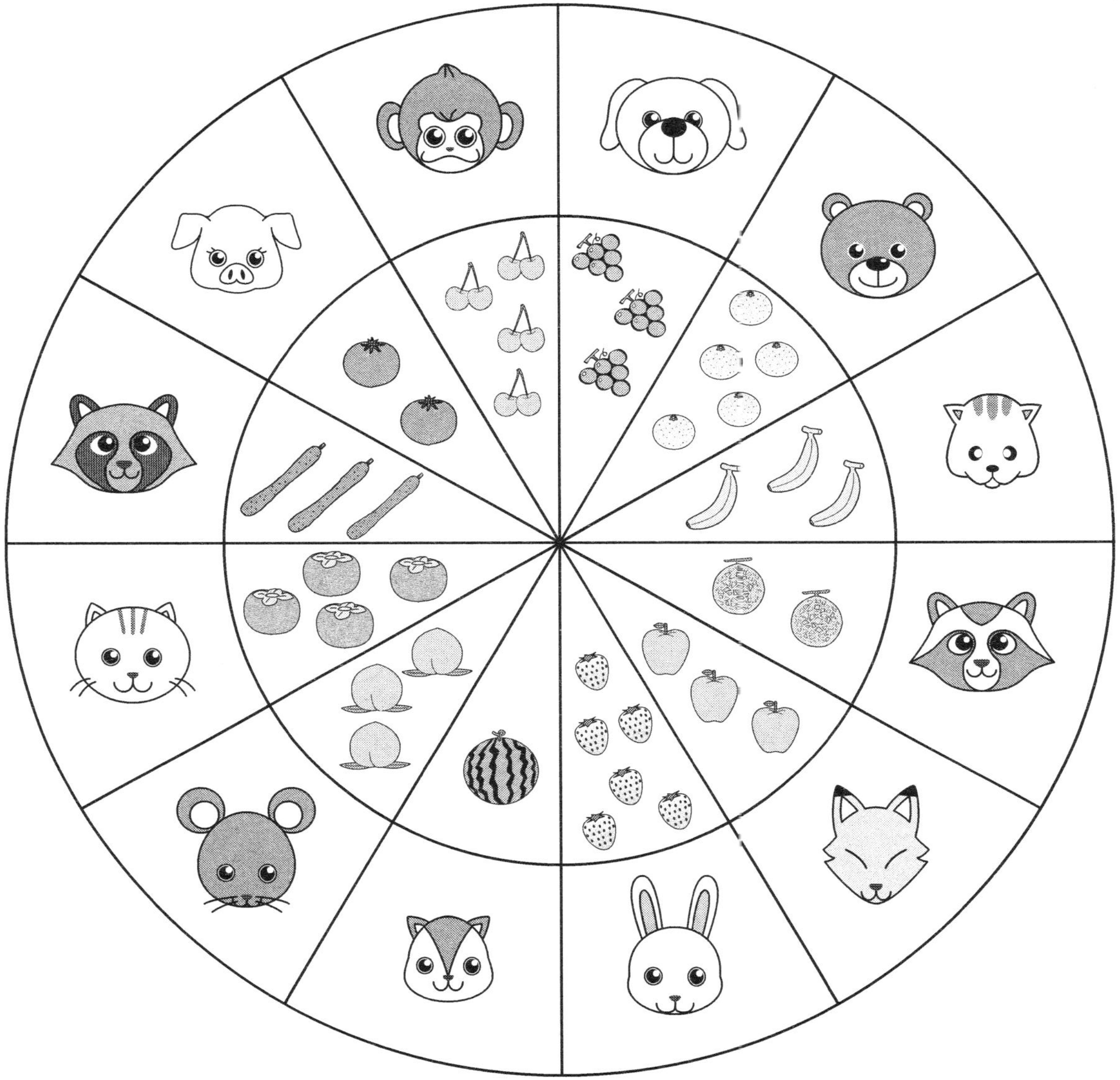

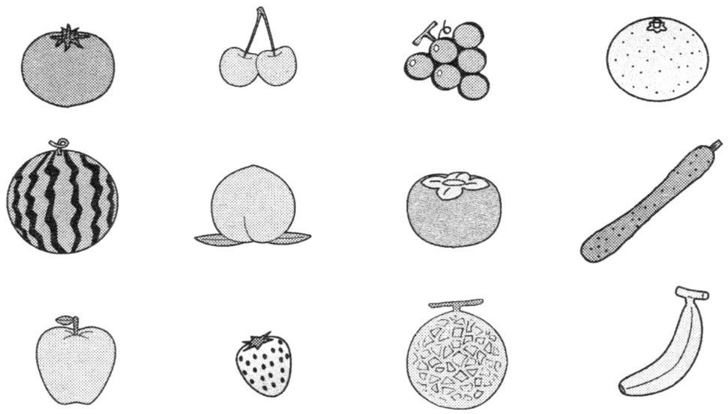

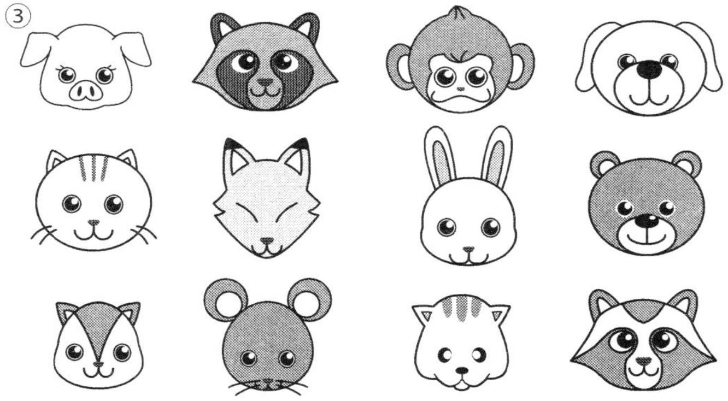

2021年度 雙葉 無断複製/転載を禁ずる　日本学習図書株式会社

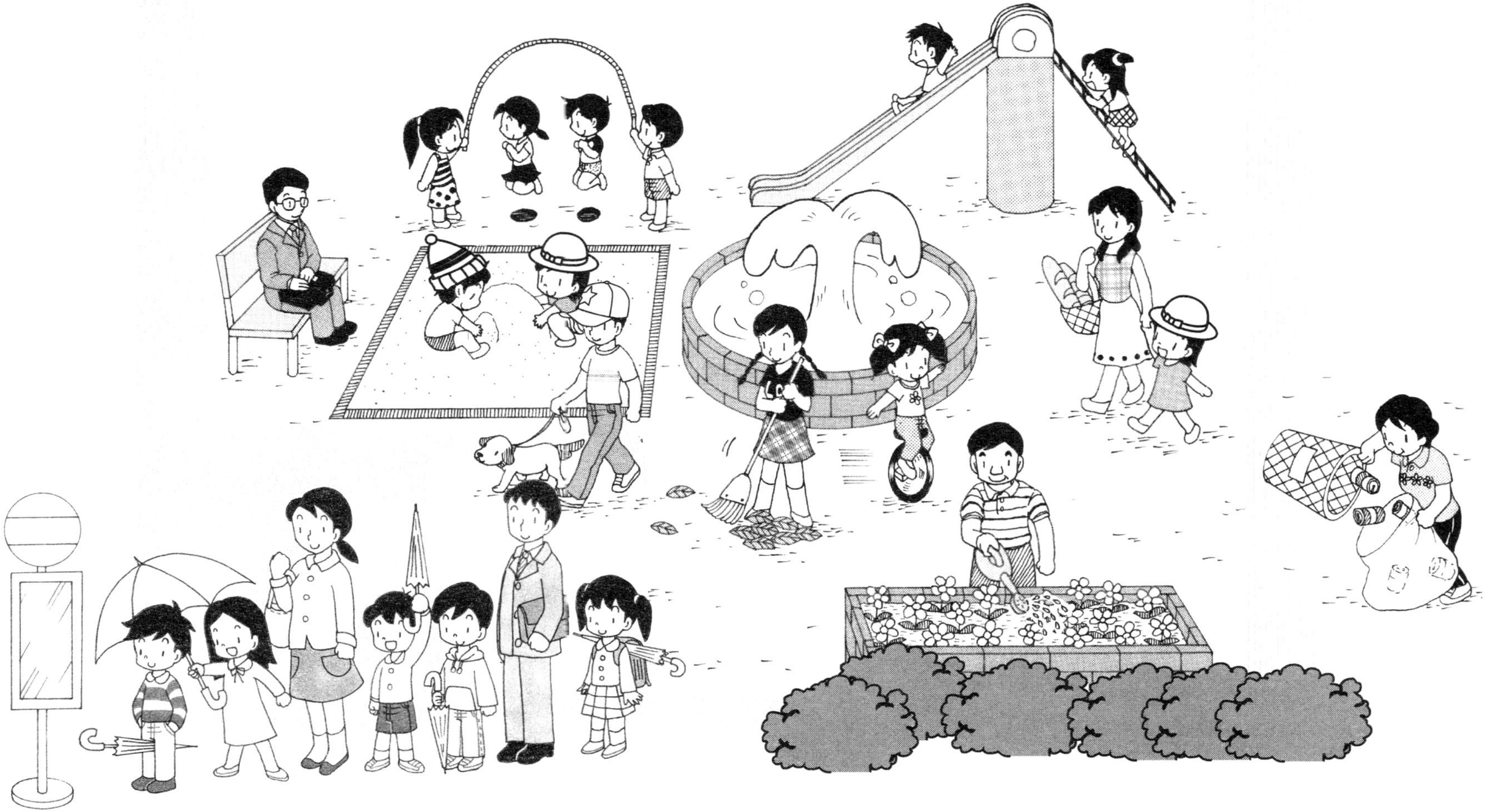

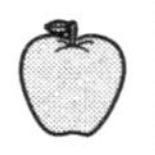

問題１５

①

②

③

④

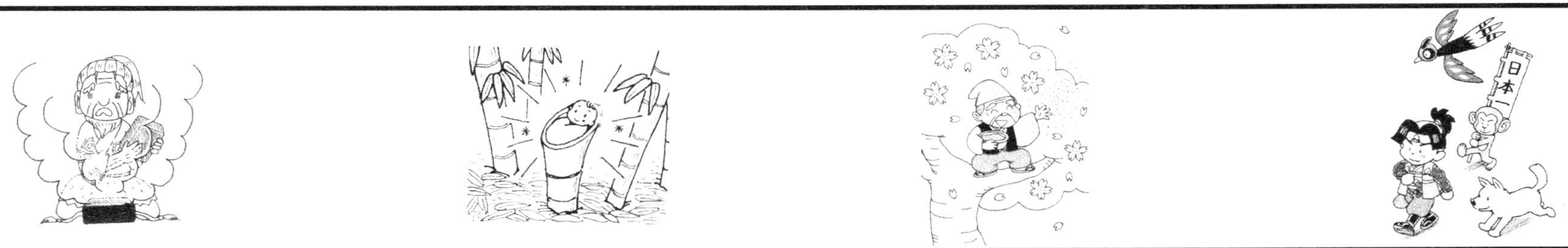

⑤

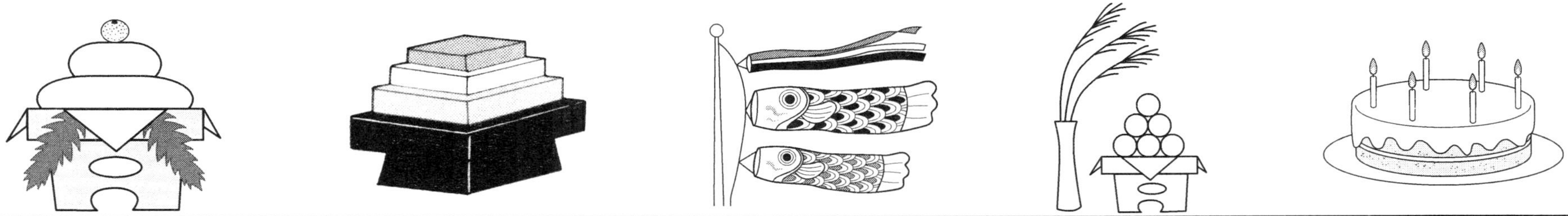

問題19

①

②

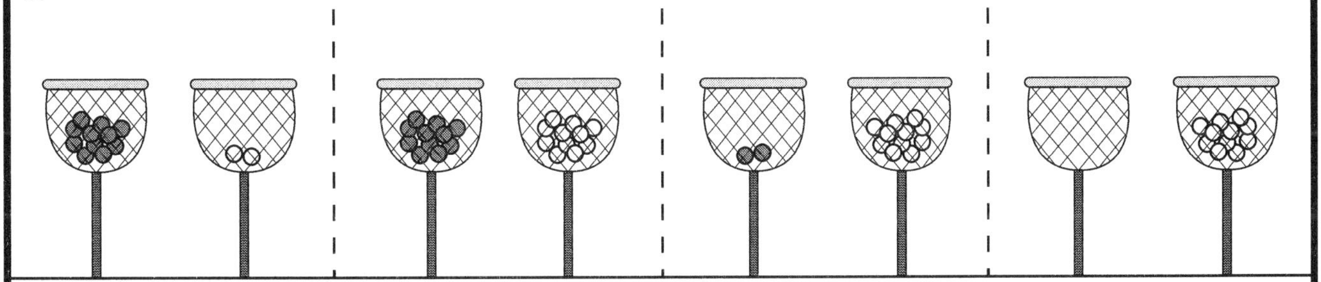

③④

⑤

⑥

日本学習図書株式会社

問題２０

①

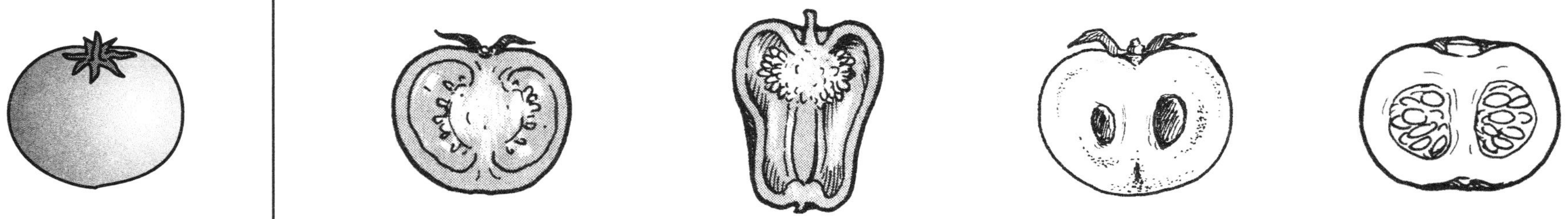

②

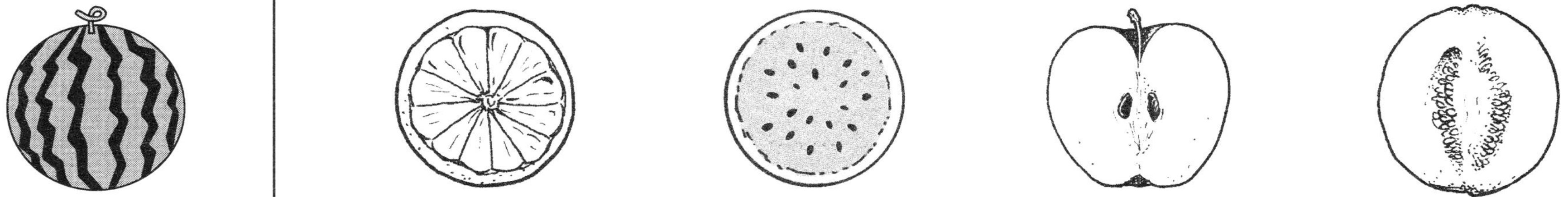

③

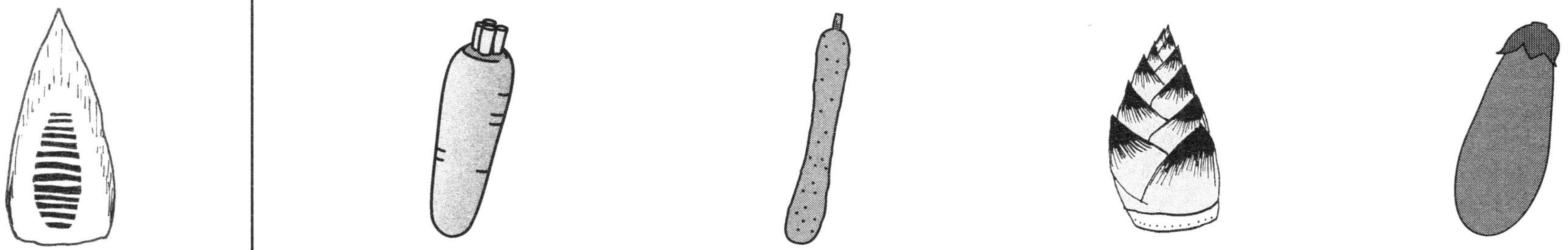

④

問題 2 1

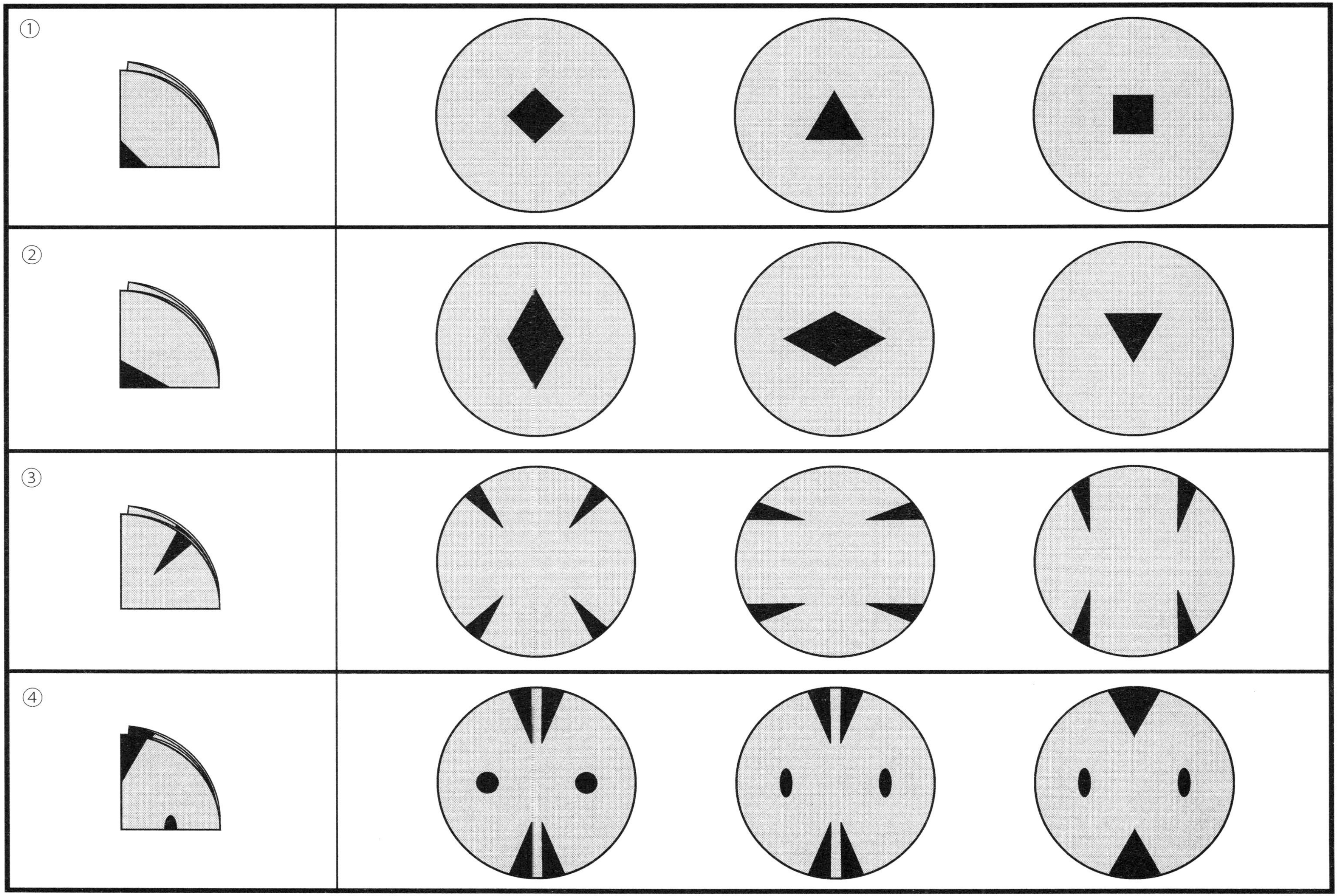

問題２２

①

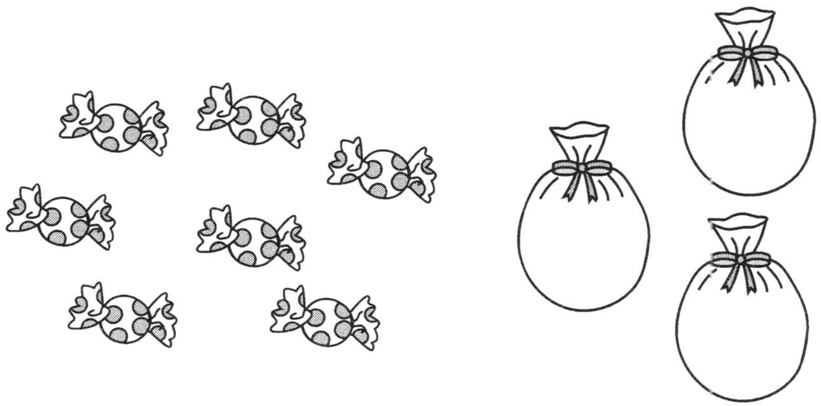

②

③

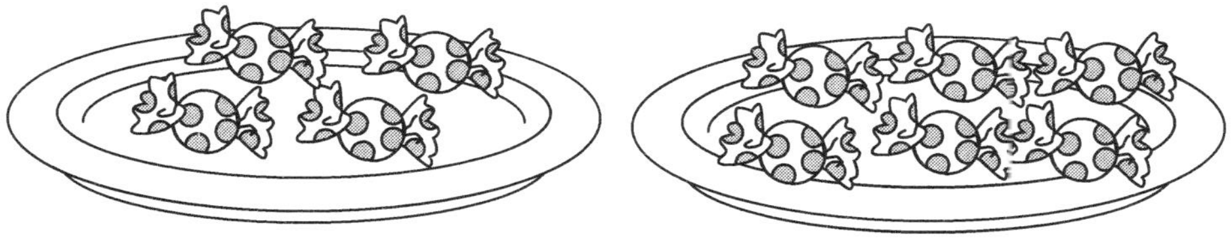

④

問題 2 3

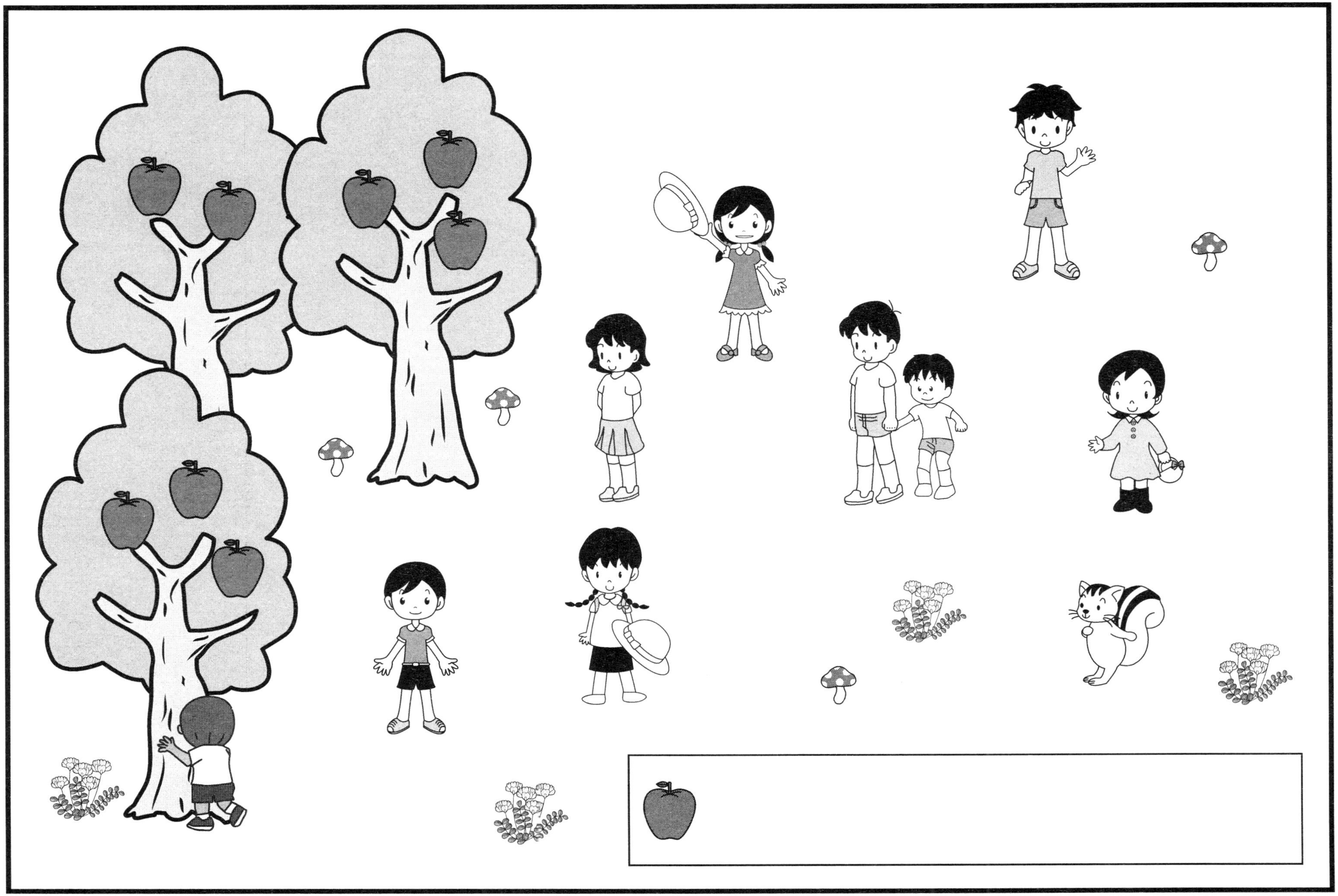

日本学習図書株式会社

2021年度 雙葉 過去 無断複製／転載を禁ずる

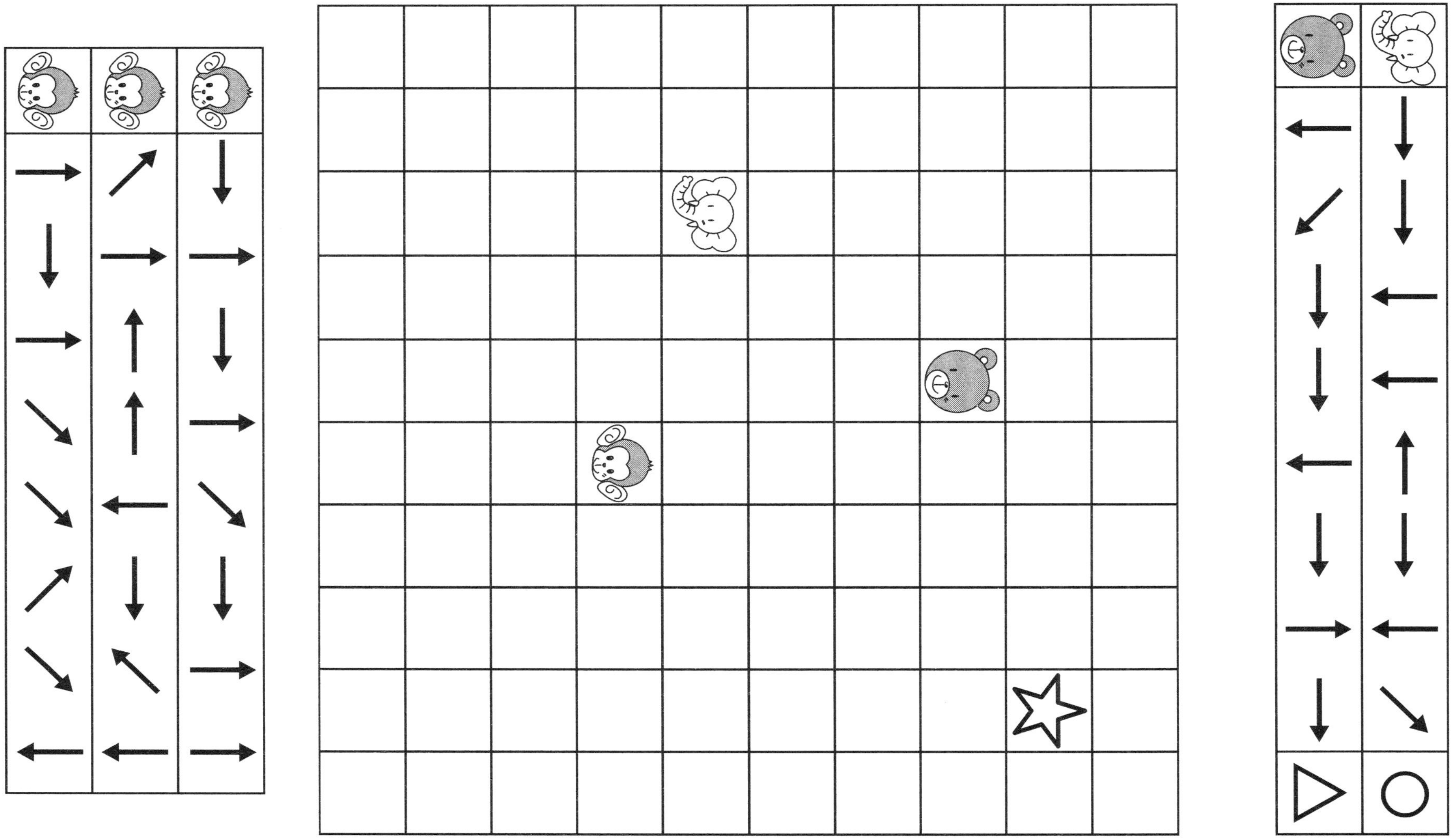

2021年度　雙葉　過去　無断複製／転載を禁ずる　　　　　　　　　日本学習図書株式会社

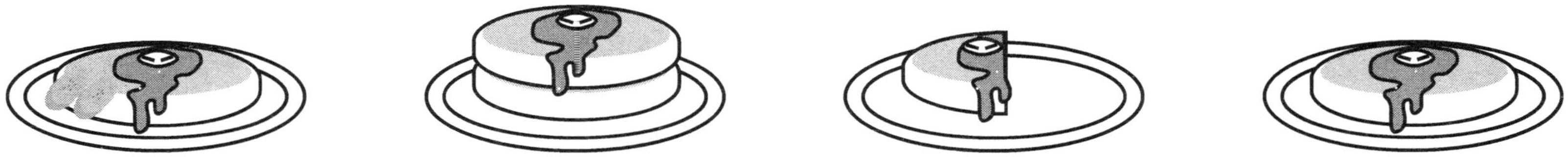

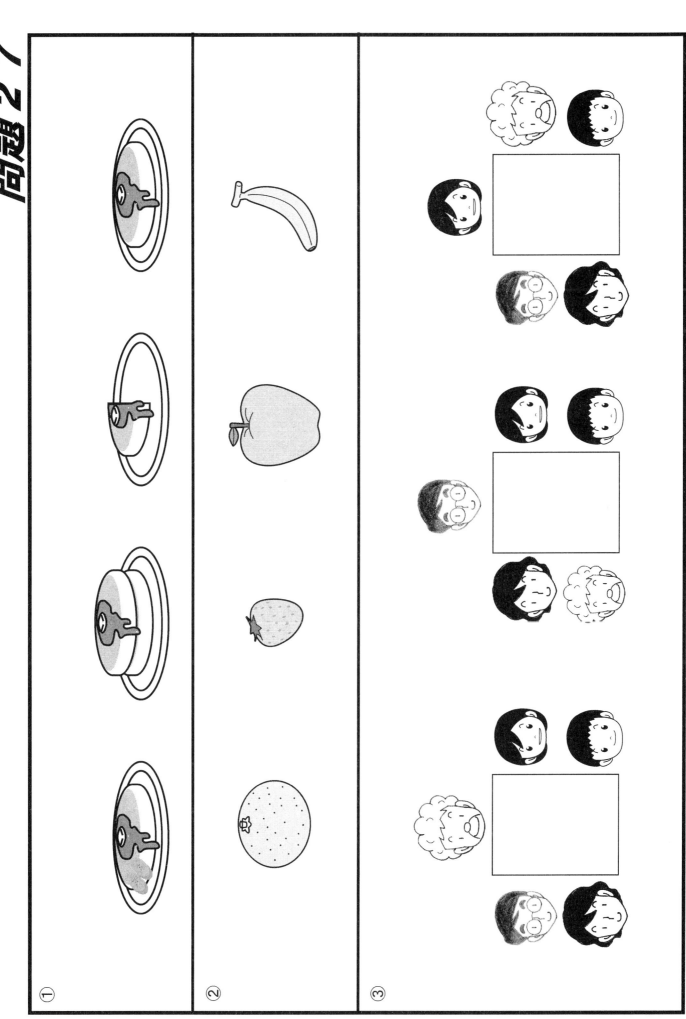

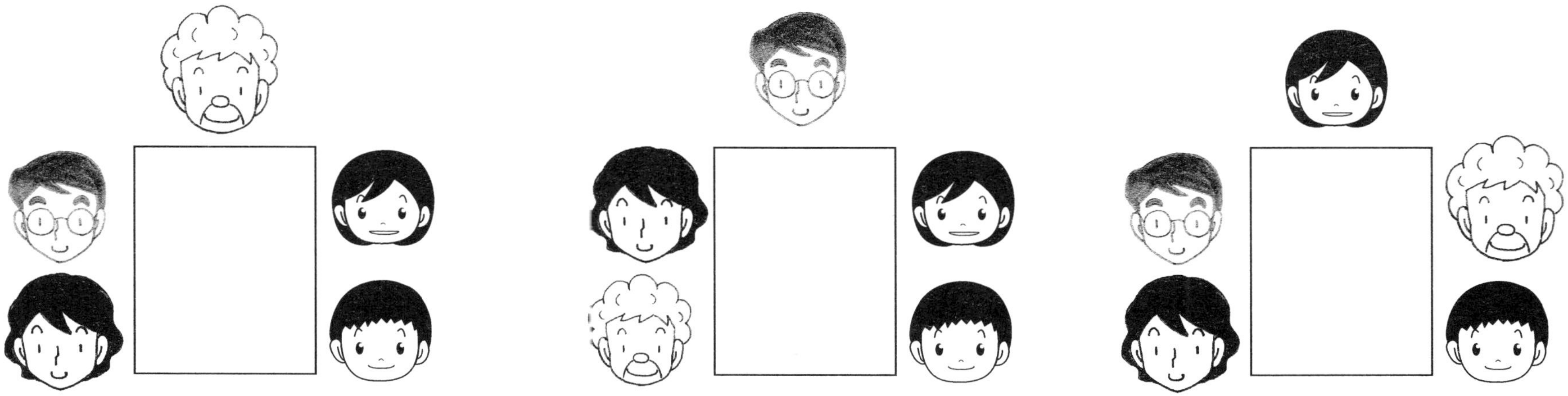

問題２８

①

②

2021年度 雙葉 過去 無断複製／転載を禁ずる

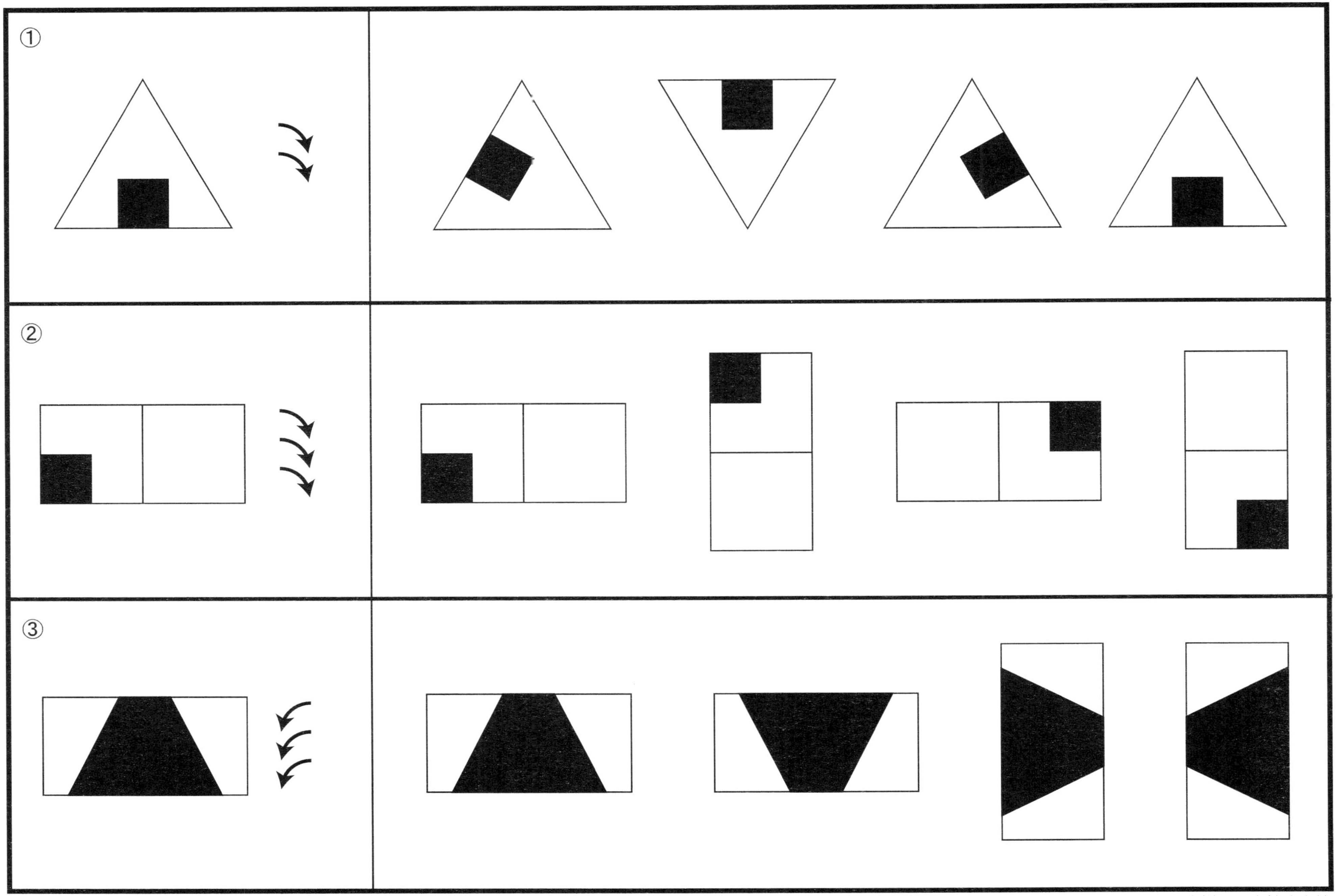

問題３０

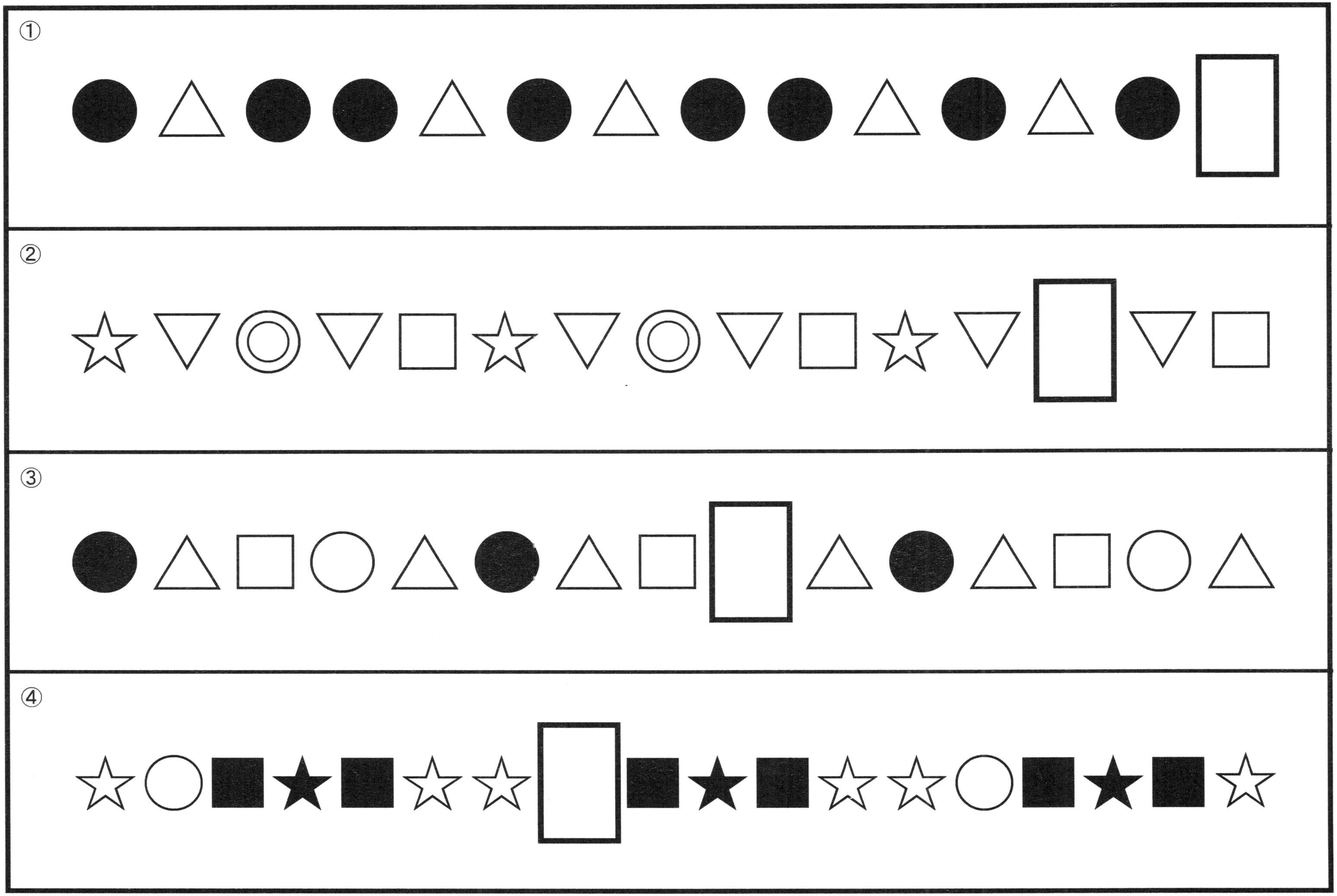

問題 3 1

日本学習図書株式会社

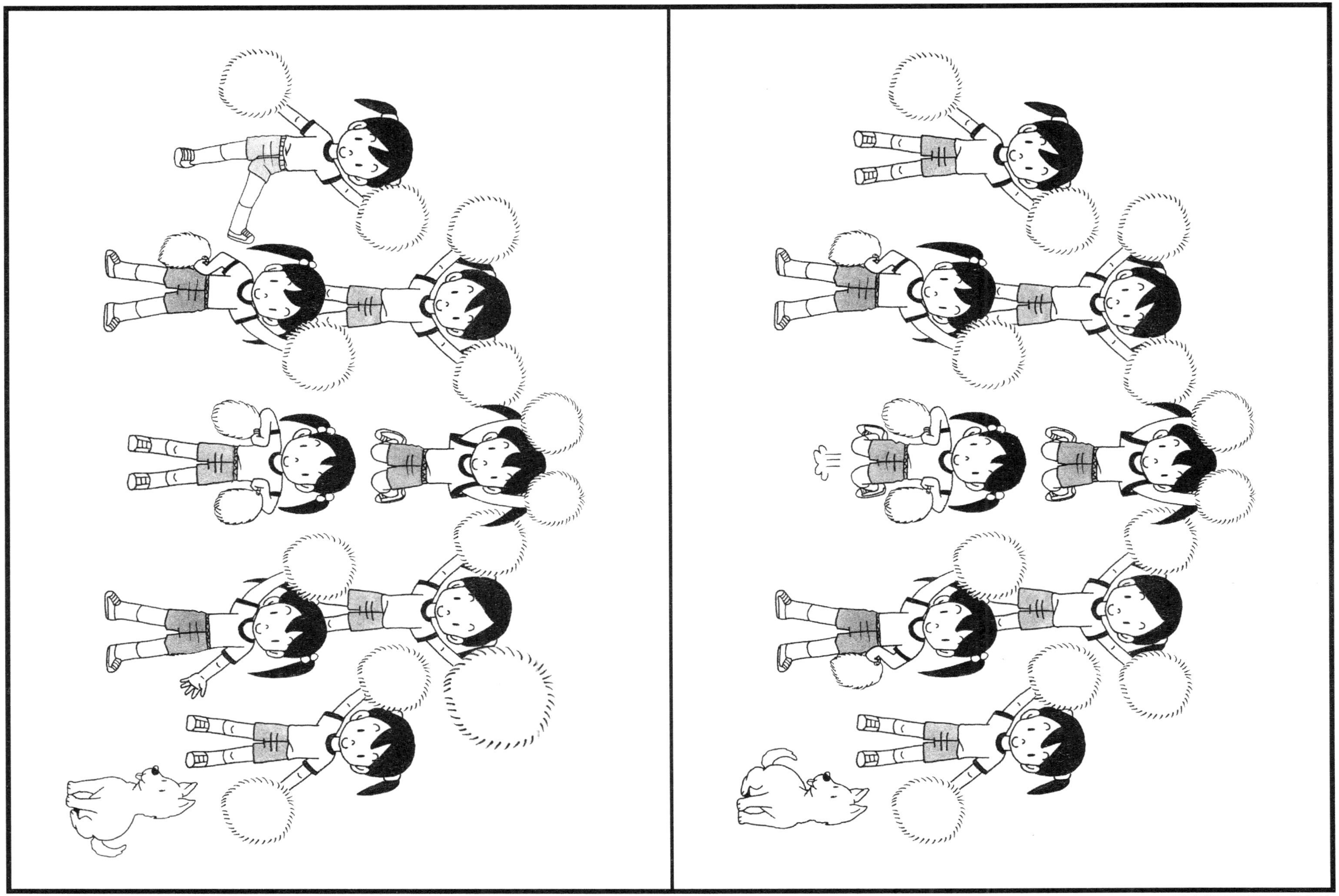

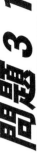

問題３ ２

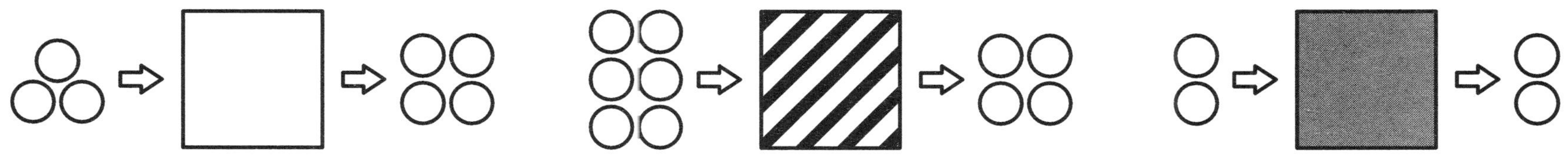

①

②

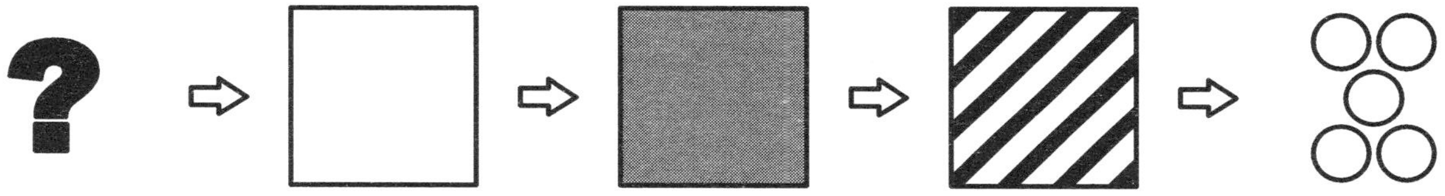

③

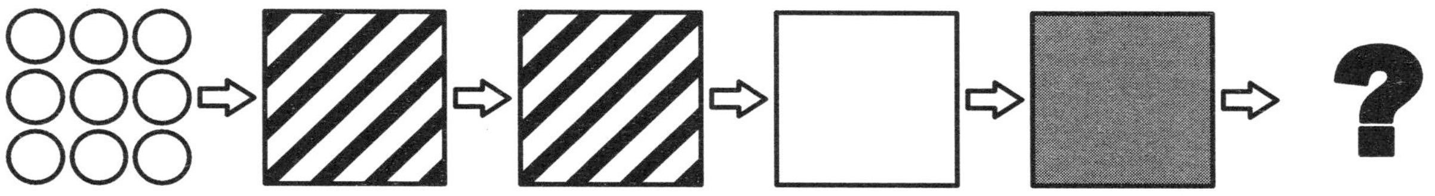

問題３５

①

②

③

④

問題３６

①	②

問題３７

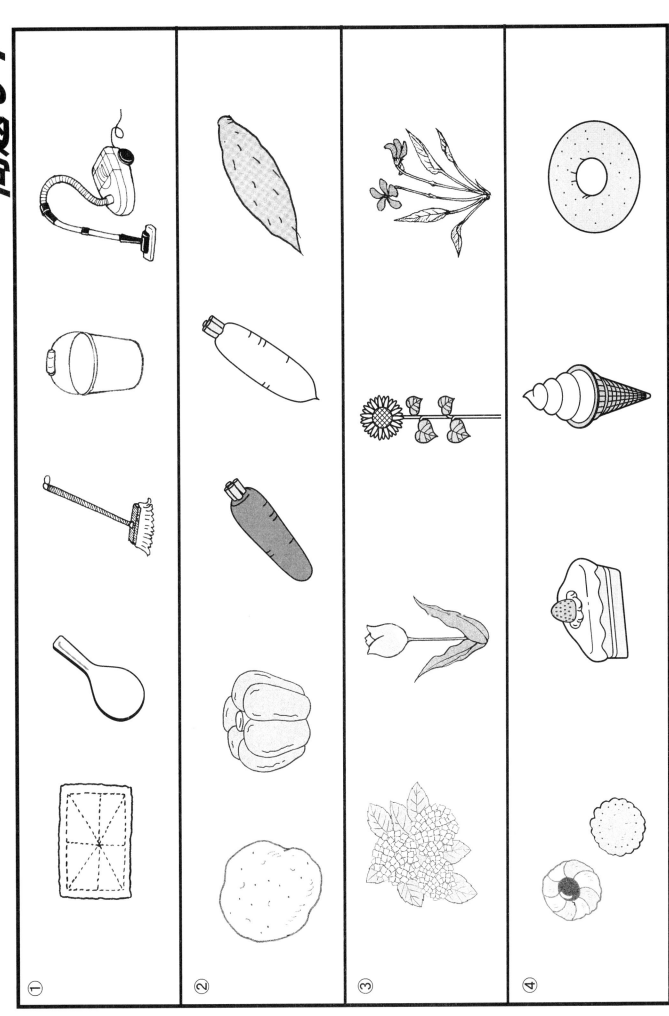

①

②

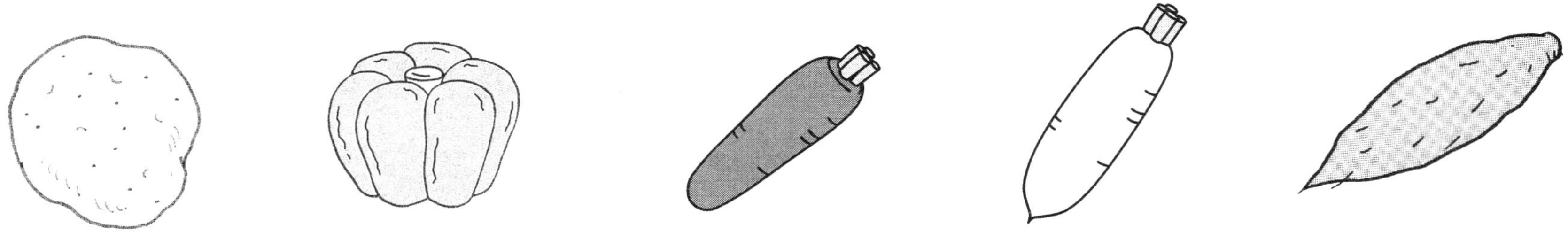

③

④

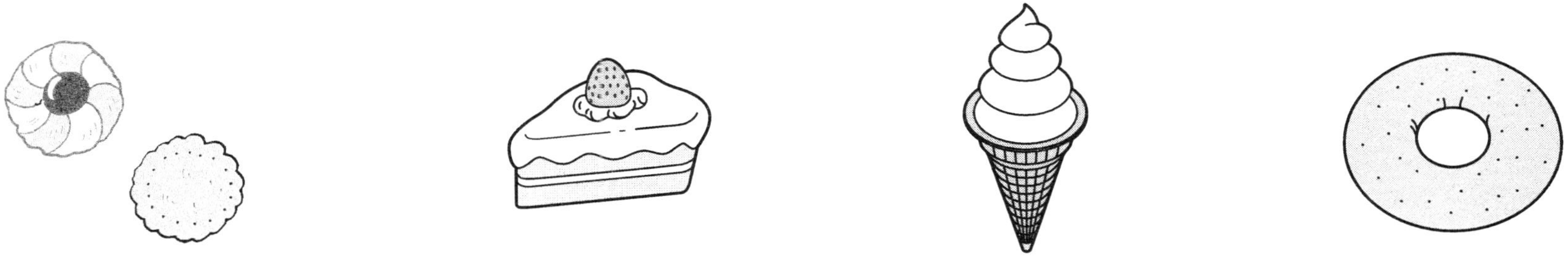

問題38

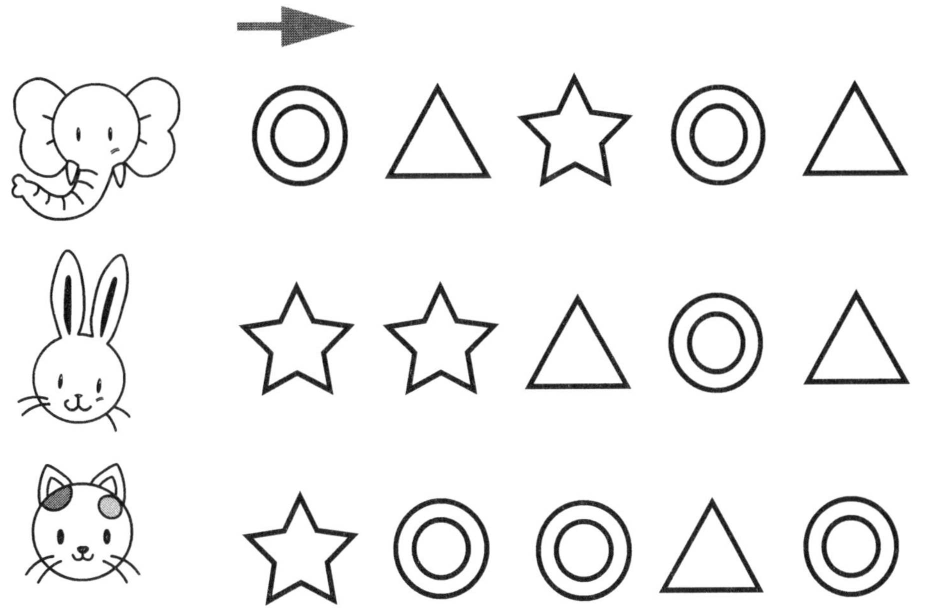

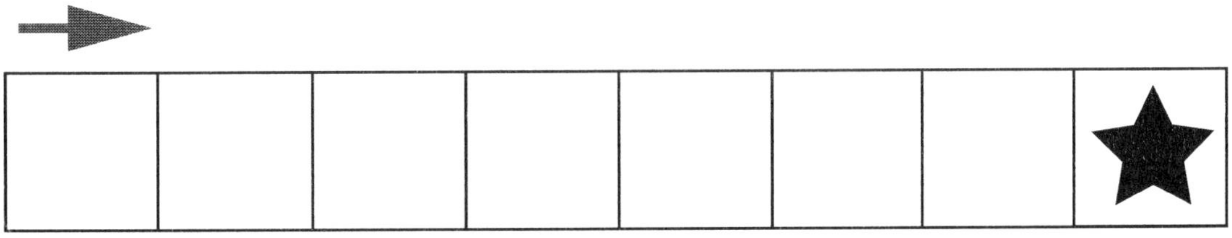

スタート

問題３９

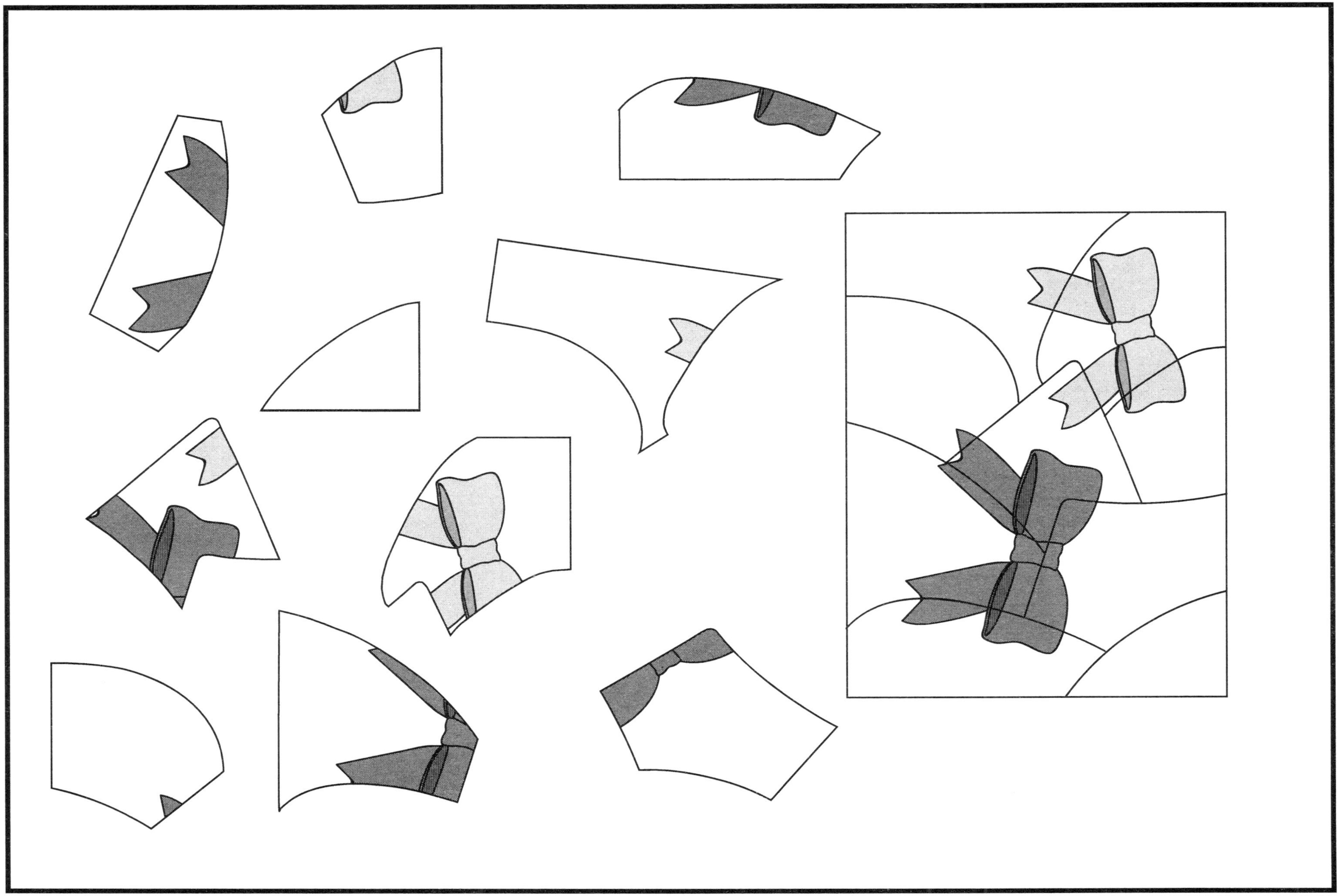

問題４０

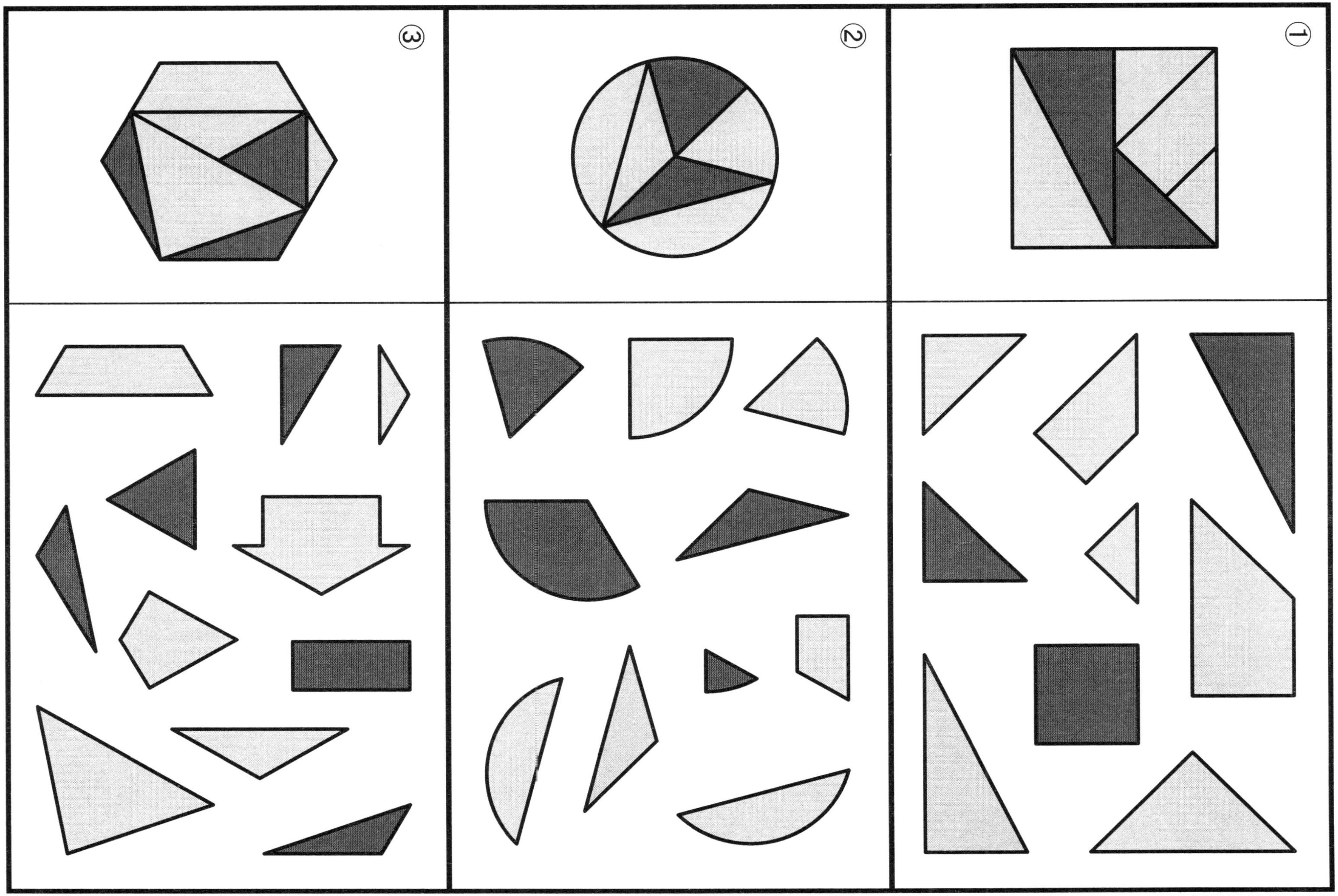

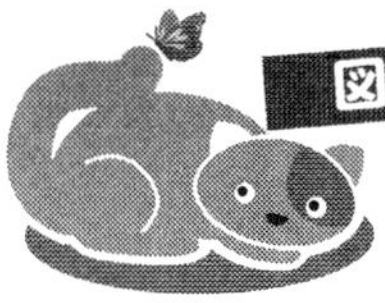

図書カード 1000 円分プレゼント

ご記入日 令和　　年　　月　　日

☆国・私立小学校受験アンケート☆

※可能な範囲でご記入下さい。選択肢は○で囲んで下さい。

〈小学校名〉＿＿＿＿＿＿＿＿　〈お子さまの性別〉男・女　〈誕生月〉＿＿月

〈その他の受験校〉（複数回答可）＿＿＿＿＿＿＿＿

〈受験日〉①：＿＿月＿＿日　〈時間〉＿＿時＿＿分　～　＿＿時＿＿分

②：＿＿月＿＿日　〈時間〉＿＿時＿＿分　～　＿＿時＿＿分

〈受験者数〉　男女計＿＿名　（男子＿＿名　女子＿＿名）

〈お子さまの服装〉＿＿＿＿＿＿＿＿

〈入試全体の流れ〉（記入例）準備体操→行動観察→ペーパーテスト

＿＿＿＿＿＿＿＿

Eメールによる情報提供

日本学習図書では、Eメールでも入試情報を募集しております。

下記のアドレスに、アンケートの内容をご入力の上、メールをお送り下さい。

ojuken@nichigaku.jp

●行動観察　（例）好きなおもちゃで遊ぶ・グループで協力するゲームなど

〈実施日〉＿＿月＿＿日　〈時間〉＿＿時＿＿分　～　＿＿時＿＿分　〈着替え〉□有　□無

〈出題方法〉□肉声　□録音　□その他（　　　　　）　〈お手本〉□有　□無

〈試験形態〉□個別　□集団（　　　人程度）

〈会場図〉

〈内容〉

□自由遊び

＿＿＿＿＿＿＿＿

□グループ活動

＿＿＿＿＿＿＿＿

□その他

＿＿＿＿＿＿＿＿

●運動テスト（有・無）　（例）跳び箱・チームでの競争など

〈実施日〉＿＿月＿＿日　〈時間〉＿＿時＿＿分　～　＿＿時＿＿分　〈着替え〉□有　□無

〈出題方法〉□肉声　□録音　□その他（　　　　　）　〈お手本〉□有　□無

〈試験形態〉□個別　□集団（　　　人程度）

〈会場図〉

〈内容〉

□サーキット運動

□走り　□跳び箱　□平均台　□ゴム跳び

□マット運動　□ボール運動　□なわ跳び

□クマ歩き

□グループ活動＿＿＿＿＿＿＿＿

□その他＿＿＿＿＿＿＿＿

●知能テスト・口頭試問

〈実施日〉＿＿月＿＿日 〈時間〉＿＿時＿＿分 ～ ＿＿時＿＿分 〈お手本〉□有 □無

〈出題方法〉 □肉声 □録音 □その他（　　　　　　）〈問題数〉＿＿枚 ＿＿問

分野	方法	内　　容	詳　細・イ　ラ　ス　ト
（例） お話の記憶	☑筆記 □口頭	動物たちが待ち合わせをする話	（あらすじ） 動物たちが待ち合わせをした。最初にウサギさんが来た。次にイヌくんが、その次にネコさんが来た。最後にタヌキくんが来た。 （問題・イラスト） ３番目に来た動物は誰か 
お話の記憶	□筆記 □口頭		（あらすじ） （問題・イラスト）
図形	□筆記 □口頭		
言語	□筆記 □口頭		
常識	□筆記 □口頭		
数量	□筆記 □口頭		
推理	□筆記 □口頭		
その他	□筆記 □口頭		

日本学習図書株式会社

●制作　（例）ぬり絵・お絵かき・工作遊びなど

〈実施日〉＿＿月＿＿日　〈時間〉＿＿時＿＿分　～　＿＿時＿＿分

〈出題方法〉　□肉声　□録音　□その他（　　　　　　　）　〈お手本〉□有　□無

〈試験形態〉　□個別　□集団（　　　　人程度）

材料・道具	制作内容
□ハサミ	□切る　□貼る　□塗る　□ちぎる　□結ぶ　□描く　□その他（　　　　　　　　）
□のり（□つぼ　□液体　□スティック）	タイトル：＿＿＿＿＿＿＿＿＿＿＿＿
□セロハンテープ	
□鉛筆　□クレヨン（　色）	
□クーピーペン（　色）	
□サインペン（　色）□	
□画用紙（□ A4　□ B4　□ A3	
□その他：　　　　　　）	
□折り紙　□新聞紙　□粘土	
□その他（　　　　　　　　）	

●面接

〈実施日〉＿＿月＿＿日　〈時間〉＿＿時＿＿分　～　＿＿時＿＿分　〈面接担当者〉＿＿＿名

〈試験形態〉□志願者のみ（　　）名　□保護者のみ　□親子同時　□親子別々

〈質問内容〉

※試験会場の様子をご記入下さい。

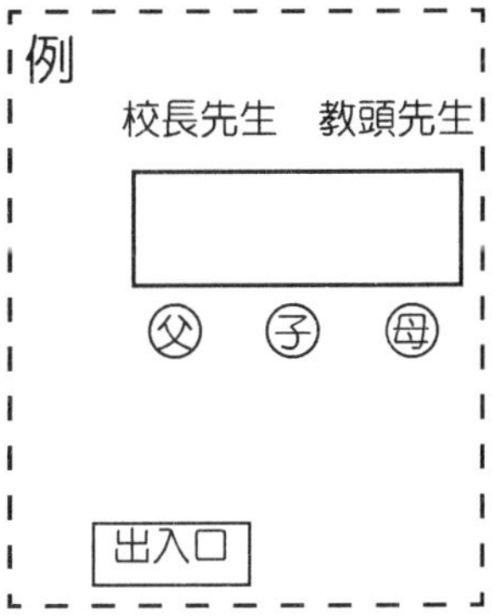

□志望動機　□お子さまの様子

□家庭の教育方針

□志望校についての知識・理解

□その他（　　　　　　　　　　　　）

（　詳　細　）

・

・

・

・

●保護者作文・アンケートの提出（有・無）

〈提出日〉　□面接直前　□出願時　□志願者考査中　□その他（　　　　　　　　）

〈下書き〉　□有　□無

〈アンケート内容〉

（記入例）当校を志望した理由はなんですか（150 字）

●説明会（□有　□無）〈開催日〉　月　日〈時間〉　時　分　～　時　分

〈上履き〉　□要　□不要　〈願書配布〉　□有　□無　〈校舎見学〉　□有　□無

〈ご感想〉

●参加された学校行事（複数回答可）

公開授業〈開催日〉　月　日〈時間〉　時　分　～　時　分

運動会など〈開催日〉　月　日〈時間〉　時　分　～　時　分

学習発表会・音楽会など〈開催日〉　月　日〈時間〉　時　分　～　時　分

〈ご感想〉

※是非参加したほうがよいと感じた行事について

●受験を終えてのご感想、今後受験される方へのアドバイス

※対策学習（重点的に学習しておいた方がよい分野）、当日準備しておいたほうがよい物など

＊＊＊＊＊＊＊＊＊＊＊＊＊　ご記入ありがとうございました　＊＊＊＊＊＊＊＊＊＊＊＊＊

必要事項をご記入の上、ポストにご投函ください。

なお、本アンケートの送付期限は入試終了後３ヶ月とさせていただきます。また、入試に関する情報の記入量が当社の基準に満たない場合、謝礼の送付ができないことがございます。あらかじめご了承ください。

ご住所：〒

お名前：　　　　メール：

TEL：　　　　FAX：

アンケートのご記入
ありがとうございました

ご記入頂いた個人に関する情報は、当社にて厳重に管理致します。弊社の個人情報取り扱いに関する詳細は、www.nichigaku.jp/policy.php の「個人情報の取り扱い」をご覧下さい。

分野別 小学入試練習帳 ジュニアウォッチャー

1．点・線図形	小学校入試で出題頻度の高い『点・線図形』の模写を、難易度の低いものから段階別に幅広く練習することができるように構成。
2．座標	図形の位置模写という作業を、難易度の低いものから段階別に練習できるように構成。
3．パズル	様々なパズルの問題を難易度の低いものから段階別に練習できるように構成。
4．同図形探し	小学校入試で出題頻度の高い、同図形選びの問題を繰り返し練習できるように構成。
5．回転・展開	図形などを回転、または展開したとき、形がどのように変化するかを学習し、理解を深められるように構成。
6．系列	数、図形などの様々な系列問題を、難易度の低いものから段階別に練習できるように構成。
7．迷路	迷路の問題を繰り返し練習できるように構成。
8．対称	対称に関する問題を4つのテーマに分類し、各テーマごとに問題を段階別に練習できるように構成。
9．合成	図形の合成に関する問題を、難易度の低いものから段階別に練習できるように構成。
10．四方からの観察	もの（立体）を様々な角度から見て、どのように見えるかを推理する問題を段階別に整理し、1つの形式で複数の問題を練習できるように構成。
11．いろいろな仲間	ものや動物、植物の共通点を見つけ、分類していく問題を中心に構成。
12．日常生活	日常生活における様々な問題を6つのテーマに分類し、各テーマごとに一つの問題形式で複数の問題を練習できるように構成。
13．時間の流れ	『時間』に着目し、様々なものごとは、時間が経過するとどのように変化するのかということを学習し、理解できるように構成。
14．数える	様々なものを『数える』ことから、数の多少の判定やかけ算、わり算の基礎までを練習できるように構成。
15．比較	比較に関する問題を5つのテーマ（数、高さ、長さ、量、重さ）に分類し、各テーマごとに問題を段階別に練習できるように構成。
16．積み木	数える対象を積み木に限定した問題集。
17．言葉の音遊び	言葉の音に関する問題を5つのテーマに分類し、各テーマごとに問題を段階別に練習できるように構成。
18．いろいろな言葉	表現力をより豊かにするいろいろな言葉として、擬態語や擬声語、同音異義語、反意語、数詞を取り上げた問題集。
19．お話の記憶	お話を聴いてその内容を記憶、理解し、設問に答える形式の問題集。
20．見る記憶・聴く記憶	「見て憶える」「聴いて憶える」という『記憶』分野に特化した問題集。
21．お話作り	いくつかの絵を元にしてお話を作る練習をして、想像力を養うことができるように構成。
22．想像画	描かれてある形や景色に好きな絵を描くことにより、想像力を養うことができるように構成。
23．切る・貼る・塗る	小学校入試で出題頻度の高い、はさみやのりなどを用いた巧緻性の問題を繰り返し練習できるように構成。
24・絵画	小学校入試で出題頻度の高い、お絵かきやぬり絵などクレヨンやクーピーペンを用いた巧緻性の問題を繰り返し練習できるように構成。
25．生活巧緻性	小学校入試で出題頻度の高い日常生活の様々な場面における巧緻性の問題集。
26．文字・数字	ひらがなの清音、濁音、拗音、拗長音、促音と1～20までの数字に焦点を絞り、練習できるように構成。
27．理科	小学校入試で出題頻度が高くなりつつある理科の問題を集めた問題集。
28．運動	出題頻度の高い運動問題を種目別に分けて構成。
29．行動観察	項目ごとに問題提起をし、「このような時はどうか、あるいはどう対処するのか」の観点から問いかける形式の問題集。
30．生活習慣	学校から家庭に提起された問題と思って、一問一問絵を見ながら話し合い、考える形式の問題集。

31．推理思考	数、量、言語、常識（含理科、一般）など、諸々のジャンルから問題を構成し、近年の小学校入試問題傾向に沿って構成。
32．ブラックボックス	箱や筒の中を通ると、どのようなお約束でどのように変化するかを推理・思考する問題集。
33．シーソー	重さの違うものをシーソーに乗せた時どちらに傾くのか、またどうすればシーソーは釣り合うのかを思考する基礎的な問題集。
34．季節	様々な行事や植物などを季節別に分類できるように知識をつける問題集。
35．重ね図形	小学校入試で頻繁に出題されている「図形を重ね合わせてできる形」についての問題を集めました。
36．同数発見	様々な物を数え「同じ数」を発見し、数の多少の判断や数の認識の基礎を学べるように構成した問題集。
37．選んで数える	数の学習の基本となる、いろいろなものの数を正しく数える学習を行う問題集。
38．たし算・ひき算1	数字を使わず、たし算とひき算の基礎を身につけるための問題集。
39．たし算・ひき算2	数字を使わず、たし算とひき算の基礎を身につけるための問題集。
40．数を分ける	数を等しく分ける問題です。等しく分けたときに余りが出るものもあります。
41．数の構成	ある数がどのような数で構成されているか学んでいきます。
42．一対多の対応	一対一の対応から、一対多の対応まで、かけ算の考え方の基礎学習を行います。
43．数のやりとり	あげたり、もらったり、数の変化をしっかりと学びます。
44．見えない数	指定された条件から数を導き出します。
45．図形分割	図形の分割に関する問題集。パズルや合成の分野にも通じる様々な問題を集めました。
46．回転図形	「回転図形」に関する問題集。やさしい問題から始め、いくつかの代表的なパターンから、段階を踏んで学習できるよう編集されています。
47．座標の移動	「マス目の指示通りに移動する問題」と「指示された数だけ移動する問題」を収録。
48．鏡図形	鏡で左右反転させた時の見え方を考えます。平面図形から立体図形、文字、絵まで。
49．しりとり	すべての学習の基礎となる「言葉」を学ぶこと、特に「語彙」を増やすことに重点をおき、さまざまなタイプの「しりとり」問題を集めました。
50．観覧車	観覧車やメリーゴーラウンドなどを舞台にした「回転系列」の問題集。「推理思考」分野の問題ですが、要素として「図形」や「数量」も含みます。
51．運筆①	鉛筆の持ち方を学び、点線なぞり、お手本を見ながらの模写で、線を引く練習をします。
52．運筆②	運筆①からさらに発展し、「欠所補完」や「迷路」などを楽しみながら、より複雑な鉛筆運びを習得することを目指します。
53．四方からの観察 積み木編	積み木を使用した「四方からの観察」に関する問題を練習できるように構成。
54．図形の構成	見本の図形がどのような部分によって形づくられているかを考えます。
55．理科②	理科的知識に関する問題を集中して練習する「常識」分野の問題集。
56．マナーとルール	道路や駅、公共の場でのマナー、安全や衛生に関する常識を学べるように構成。
57．置き換え	さまざまな具体的・抽象的事象を記号で表す「置き換え」の問題を扱います。
58．比較②	長さ・高さ・体積・数などを数学的な知識を使わず、論理的に推測する「比較」の問題を練習できるように構成。
59．欠所補完	線と線のつながり、欠けた絵に当てはまるものなどを求める「欠所補完」に取り組める問題集です。
60．言葉の音（おん）	しりとり、決まった順番の音をつなげるなど、「言葉の音」に関する問題に取り組める練習問題集です。

◆◆ニチガクのおすすめ問題集◆◆

より充実した家庭学習を目指し、ニチガクではさまざまな問題集をとりそろえております!!

サクセスウォッチャーズ（全18巻）

①～⑱
本体各￥2,200＋税

全９分野を「基礎必修編」「実力アップ編」の２巻でカバーした、合計18冊。
各巻80問と豊富な問題数に加え、他の問題集では掲載していない詳しいアドバイスが、お子さまを指導する際に役立ちます。
各ページが、すぐに使えるミシン目付き。本番を意識したドリルワークが可能です。

ジュニアウォッチャー（既刊60巻）

①～⑥⓪（以下続刊）
本体各￥1,500＋税

入試出題頻度の高い９分野を、さらに60の項目にまで細分化。基礎学習に最適のシリーズ。
苦手分野におけるつまずきを、効率よく克服するための60冊です。
ポイントが絞られているため、無駄なく高い効果を得られます。

国立・私立NEWウォッチャーズ

言語／理科／図形／記憶
常識／数量／推理
本体各￥2,000＋税

シリーズ累計発行部数40万部以上を誇る大ベストセラー「ウォッチャーズシリーズ」の趣旨を引き継ぐ新シリーズ!!
実際に出題された過去問の「類題」を32問掲載。全問に「解答のポイント」付きだから家庭学習に最適です。「ミシン目」付き切り離し可能なプリント学習タイプ！

実践 ゆびさきトレーニング①・②・③

本体各￥2,500＋税

制作問題に特化した一冊。有名校が実際に出題した類似問題を35問掲載。
様々な道具の扱い（はさみ・のり・セロハンテープの使い方）から、手先・指先の訓練（ちぎる・貼る・塗る・切る・結ぶ）、また、表現することの楽しさも経験できる問題集です。

お話の記憶・読み聞かせ

［お話の記憶問題集］
中級／上級編
本体各￥2,000＋税

初級／過去類似編／ベスト30
本体各￥2,600＋税

１話５分の読み聞かせお話集①・②、入試実践編①
本体各￥1,800＋税

あらゆる学習に不可欠な、語彙力・集中力・記憶力・理解力・想像力を養うと言われているのが「お話の記憶」分野の問題。問題集は全問アドバイス付き。

分野別 苦手克服シリーズ（全６巻）

図形／数量／言語／
常識／記憶／推理
本体各￥2,000＋税

数量・図形・言語・常識・記憶の６分野。アンケートに基づいて、多くのお子さまがつまづきやすい苦手問題を、それぞれ40問掲載しました。
全問アドバイス付きですので、ご家庭において、そのつまづきを解消するためのプロセスも理解できます。

運動テスト・ノンペーパーテスト問題集

新 運動テスト問題集
本体￥2,200＋税

新 ノンペーパーテスト問題集
本体￥2,600＋税

ノンペーパーテストは国立・私立小学校で幅広く出題される、筆記用具を使用しない分野の問題を全40問掲載。
運動テスト問題集は運動分野に特化した問題集です。指示の理解や、ルールを守る訓練など、ポイントを押さえた学習に最適。全35問掲載。

口頭試問・面接テスト問題集

新 口頭試問・個別テスト問題集
本体￥2,500＋税

面接テスト問題集
本体￥2,000＋税

口頭試問は、主に個別テストとして口頭で出題解答を行うテスト形式。面接は、主に「考え」やふだんの「あり方」をたずねられるものです。
口頭で答える点は同じですが、内容は大きく異なります。想定する質問内容や答え方の幅を広げるために、どちらも手にとっていただきたい問題集です。

小学校受験 厳選難問集 ①・②

本体各￥2,600＋税

実際に出題された入試問題の中から、難易度の高い問題をピックアップし、アレンジした問題集。応用問題への挑戦は、基礎の理解度を測るだけでなく、お子さまの達成感・知的好奇心を触発します。
①は数量・図形・推理・言語、②は位置・常識・比較・記憶分野の難問を掲載。それぞれ40問。

国立小学校　対策問題集

国立小学校入試問題A・B・C（全3巻）本体各￥3,282＋税
新 国立小学校直前集中講座
本体￥3,000＋税

国立小学校頻出の問題を厳選。細かな指導方法やアドバイスが掲載してあり、効率的な学習が進められます。「総集編」は難易度別にA～Cの３冊。付録のレーダーチャートにより得意・不得意を認識でき、国立小学校受験対策に最適です。入試直前の対策には「新 直前集中講座」！

おうちでチャレンジ　①・②

本体各￥1,800＋税

関西最大級の模擬試験である小学校受験標準テストのペーパー問題を編集した実力養成に最適な問題集。延べ受験者数10,000人以上のデータを分析しお子さまの習熟度・到達度を一目で判別。
保護者必読の特別アドバイス収録！

Q＆Aシリーズ

『小学校受験で知っておくべき125のこと』
『小学校受験に関する 保護者の悩みQ＆A』
『新 小学校受験の入試面接Q＆A』
『新 小学校受験 願書・アンケート文例集500』
本体各￥2,600＋税
『小学校受験のための
願書の書き方から面接まで』
本体￥2,500＋税

「知りたい！」「聞きたい！」「こんな時どうすれば…？」そんな疑問や悩みにお答えする、オススメの人気シリーズです。

書籍についてのご注文・お問い合わせ
☎ 03-5261-8951

http://www.nichigaku.jp
※ご注文方法、書籍についての詳細は、Webサイトをご覧ください。

日本学習図書　検索